幼兒園
班級經營
實用手冊

陳埩淑 著

作者簡介

●●● 陳埩淑

| 學歷 |

國立高雄師範大學教育學博士

美國俄亥俄州立大學課程與教學碩士（The Ohio State University - Curriculum & Instruction）

| 經歷 |

台南應用科技大學師資培育中心副教授兼主任

美國傅爾布萊特計畫（Fulbright Program）交換學者〔美國夏威夷大學（University of Hawaii）研究〕

中學教師

美國幼教師（Seattle Just for Kids）

| 著作 |

《幼兒數學樣式：教學實務與理論》（2022）

《幼兒數學探究教學理論與實踐：不確定性概念為例》（2023）

| 專長及研究計畫 |

幼兒教育研究

行政院國家科學委員會研究計畫主持人（16 件）

教育部教學實踐研究計畫主持人（1 件）

♥ 自序

　　幼兒園班級經營會因時、因事、因地與因人的不同，而有不同的狀況與問題產生。班級經營事務包羅萬象，常令幼教師不知從何下手；擔心自己經驗有限帶不好班級，加上近年來有關幼兒不當管教的事件頻頻發生，幼兒教育議題因而常出現在媒體頭條新聞，導致幼教師對班級經營更是戰戰兢兢。由於作者多在幼教現場與教師互動，了解到現場教師迫切想提升的就是班級經營的能力，期能有成功班級經營案例作為參考，以化解心中的疑慮，因而引發作者把多年來所蒐集的班級經營資料整理成書。

　　本書的架構來自作者「幼兒園班級經營」的授課大綱，取其中十個主題作為本書的內容。書中所蒐集的資料全部來自實務現場：有來自作者任教「幼兒園班級經營」時，師資生訪談幼兒園班級教師的資料；有的是作者任教「教學實習」課時，由師資生記錄幼教師班級經營實況而得的資料；有的是作者帶「教育實習」時，由準幼教師將實習現場所見所聞以及從他們的輔導教師經驗分享而來；最後一種資料是作者在執行十幾年國家研究計畫案從事「實驗教學」時，與合作班級教師討論班級經營心得而來。故綜合上述的資料歸納整理撰寫成書，強調班級經營的實務性與實用性。

　　本書的特色之一是具實用性，注重幼兒園班級經營實務性，可從書中看到第一線幼教師如何面對班級經營的問題，以及提出因應策略化解難題。被訪談的幼教師年資至少有五年以上，他們曾經歷社會變遷及多次的幼教改革，面對不同家長管教幼兒的差異性及來自不同家長要求的歧異性，他們不吝惜地分享寶貴的經驗與智慧供同業教師參考；特色之

二是具代表性，書中所呈現的實例得自訪談與現場觀察幼教師而來，教師來自北、中、南及東部的幼兒園，而且幼兒園的屬性有公立幼兒園、私立幼兒園以及非營利幼兒園。書中所稱之「幼兒園教師」係指在幼兒園裡從事教保服務的人員，涵蓋對象包括公私立幼兒園園長／園主任、幼教師、教保員、助理教保員等。

　　本書提供多位資深幼教師班級經營的案例，藉由他們的分享，期望造就更多經營班級成功案例。每位幼教師都有自己的班級經營風格，蒐集多位幼教師經驗傳承的資料有如零碎的拼圖，但集結整理下來卻可以看到一幅完整的圖畫。期望透過本書的分享，能提供教保人員更多面向的班級經營，並擴展班級經營的視野，使更多現場的幼教師獲益。

 感謝詞

　　本書能完稿付梓，要感謝分享實例及接受訪談的幼兒園教師，也感謝修習「幼兒園班級經營」、「教學實習」課程的師資生所提供的資料，及作者帶「教育實習」準幼教師與作者教學實驗合作教師的分享。在此也對參與本書校正和提供修正建議的賴珮慈老師與張覺之老師，以及心理出版社一併致謝。

目次
CONTENTS

Chapter 1　幼兒園班級經營緒論

＼ 壹、前言 ／

幼兒園班級經營事務繁雜，綜括上至下的管理，橫跨幼兒相關人際關係的經營，亦即涵蓋與幼兒有關的人、事、物及環境的管理，且影響到教師教學與幼兒學習。班級經營又會因地、因人與因事，而有不同的狀況與問題產生。

當幼教師把從事幼兒教育工作當作志業，為使幼兒能在幼兒園裡快樂的學習與成長，須不斷提升自己的專業能力及班級經營能力。幼兒的大小事集結在教師一身，教師除教育幼兒外，還要戰戰兢兢因應家長期望、配合行政人員的要求，而班級經營即是使這些順利運作的關鍵因素。因班級經營本身的複雜性與變異性，教師的班級經營能力需要累積經驗及提升專業知識琢磨增長而成，因此，班級經營被視為整合實務與理論的體現。

班級經營是一種藝術，因人、因事、因地而制宜。幼兒園班級經營是一個複雜且極具挑戰性的工作，教師需具有班級經營的能力，班級經營成敗對幼兒及幼兒園的重要性不可言喻。班級經營成功與否和教師理想班級經營圖像有關，教師班級經營的理念與教師如何經營班級密不可分。在各種不同年齡層的教育階段，幼兒教育階段是一切學習的奠基期，加上幼兒園教師與幼兒相處時間最長、最貼近幼兒，相對的，影響

力也最大，因此教師的言行舉止無不在潛移默化幼兒，教師班級經營深化在幼兒的心靈與行為上。然而，教師面對溺愛世代下的幼兒，實施的管與教的方式跟過去不同，面對許多新的挑戰，更需展現班級經營不同方法和思維，融入專業知識及吸取別人成功的經驗，營造出呈現自己理念的班級經營模式。

貳、幼兒園班級經營的定義

一、班級經營的定義

有關「班級經營」的定義，歷年來因學者不同看法而有不同的定義。有的學者認為班級經營是師生互動遵循一定的準則，有效的處理人、事、物、地，達成教育目標（吳明隆，2003）；有的學者認為班級經營是影響班級順利運作，對人、事、時、地、物等作有效的管理（張民杰，2012）；有的學者則認為「班級經營」應指教師與學生共同建構班級內、課堂上過程中，教師所採取的種種作為，目的要讓學生能有效加以實踐，進而順利達成學習目標與班級目標（林和春，2018）。

本書將從班級經營文字的本意來下定義。「班級經營」英文是 class management，是由班級（class）與經營（management）結合而成。「班級」的英文 class，原意指一群人在學校一起受教（a group of students who are taught together at school）。若問這一群人在何處受教？在什麼樣的時間、空間受教？這場所是指「學校」，受教則有其特定的時間與空間，空間是指教室或場所（先排除線上受教）。例如，早上浣熊班在操場上大肌肉活動，浣熊班是指班級，也就是指聚集的一群人，而特定的時空就指早上與操場。

　　「經營」的英文是 manage、run、operate、engage in 等，即有管理、籌劃、運作等含義。論到管理，它的對象有人、事、物，對人的管理是領導、帶領、引導與溝通；對事物的管理就有資源的取得、利用與保管；籌劃則需設立目標及有可達成的方法；運作即指執行，也就是將目標達成。

　　因此，班級經營意指在管理與班級有關的各種人、事、地及物達成既定的目標。班級經營在管理層面上涉及人際關係，要與行政人員、家長與學生溝通與互動；在籌劃方面，擬出達成的目標與策略；在運作上建立班級常規及獎懲制度。因此，班級經營是指為達成設立的目標，對班級有關的人及事物加以運作與管理。

二、幼兒園班級經營的定義

　　國內學者曾對「幼兒園班級經營」定義，如許淑貞等人（2014）定義幼兒園班級經營是一項複雜且具挑戰性的工作，需要以科學及藝術的眼光來規劃及執行；顏士程等人（2020）將幼兒園班級經營定位在幼兒園之課室經營，故定義「幼兒園班級經營」為幼兒園教師達成教學目標時所採取的種種行動，以便有效地處理班級中的人、事、物等各項業務，以發揮學習效果，達成教育目標的歷程；谷瑞勉（2020）定義幼兒園班級經營，除掌控秩序或管理行為，使教師順利有效地進行教學活動，更藉著對幼兒的充分了解，不斷地反省修正與人互動、妥善規劃環境與課程等各方面，引發積極的教與學的關係，並促進幼兒行為、學習、心理和人格的健全成長與發展。

　　本書綜合上述的定義，將「幼兒園班級經營」定義為幼兒在幼兒園一起受教，接受管理、教導與引導，教師處理與班級有關的各樣人、事、地及物等事項，並與幼兒及相關的人互動溝通，建立和諧的關係，共同營造有效教與學及溫馨的班級，師生共同成長達成幼兒教育目標。

參、幼兒園班級經營的目的

一、班級經營的目的

　　國內有多位學者專家曾述及班級經營的目的：陳木金（1999，2006）以研究的觀點分析班級經營的內涵，認為須包含教師在進行班級經營時應該要遵循一定的準則，適當而有效地處理班級中的人、事、物等各項業務，進而能夠維持一個有效率的學習環境，營造良好師生關係，促進教師有效教學與學生成功學習，以發揮教學效果達成教育目標。又，吳清山（2000）提到班級經營主要目的在維持良好的班級秩序、提供學生良好的學習環境、提升學生的學習效果、培養學生的自治能力、增進師生情感的交流及幫助學生人格成長；張民杰（2012）認為班級經營目的在讓學生有更多的學習時間和機會，以增進學習效果、班級事物井然有序運作順暢、班級成員能互動良好且感情融洽、學生學習到自治自律，表現合適的行為及使班級能提供整全課程進行有效的學習；謝金青（2016）強調班級經營的核心目的是讓班上全體學生身心得到最和諧的發展。

二、幼兒園班級經營的目的

　　幼兒園班級經營的目的，許淑貞等人（2014）指出幼兒園班級經營應具有建立班級常規與維持良好秩序、建構優質學習環境與互動空間、提高幼兒學習興趣與學習成效、強化幼兒的獨立能力與負責態度及建立良好人際關係及團隊意識；谷瑞勉（2020）將幼兒園班級經營的定義與目標合為一體說明，除班級常規管理外，亦強調教師的反省能力，不斷地修正課程、教學及人際互動。

幼兒園班級經營要達成什麼樣目標或目的，會受到教師個人教育理念（教育哲學觀）影響。有的教師認為班級經營是提供幼兒一個溫馨的學習場所，吸引幼兒投入以及樂於分享與學習；有的教師認為班級經營主要在班級規範幼兒，幫助成長及有效學習；有的教師認為班級經營要正向引導幼兒，讓幼兒快樂成長，同時，教師自己也能開心的伴隨幼兒一起成長；有的教師認為要多給予幼兒正向的管教，多關心與鼓勵幼兒，建立幼兒自信心，讓幼兒達到自我肯定、獨立成長；有的教師認為班級經營的目的是教師扮演幼兒的心靈導師，給予孩子溫暖、規劃學習環境讓幼兒能快樂學習成長。

　　本書認為幼兒園班級經營的目的在有效地經營班級、合適地處理與幼兒相關的人、事、物及地，並與幼兒及相關的人互動溝通，建立和諧的關係，營造有效教與學且溫馨的班級，以達成既定的目標。

＼ 肆、幼兒園班級經營的內容與範圍 ／

● 一、班級經營的內容與範圍

　　有關班級經營內容，國內學者如吳清山（1990）將班級視為一個大組織，班級經營涵蓋行政（管理）、課程與教學及學生輔導三個向度；朱文雄（1989）將班級經營分成人、事、物及三者的整體規劃；以及單文經（1994）將班級經營視為兩個可操弄及改變的面向。雖然學者認為班級經營的內涵包羅萬象，但主要包括與班級有關的人、時、事、地、物；林進材（1998）將班級經營的內涵分為行政經營、班級環境經營、課程與教學經營、學生偏差行為、因應常規經營、班級氣氛、時間管理、訊息的處理等八項；郭明德（2001）將班級經營的內涵分為行政經營、教學經營、常規管理、學習環境的佈置、人際關係的

經營、親師溝通等六層面；蔡淑桂（2003）將班級經營的內容分為班級事務之處理、班級教學之規劃、班級自治和會議、班級環境之佈置、班級常規之訓練、班級個案之輔導、班級感情之凝聚、班級家長之參與等八項。

二、幼兒園班級經營的內容與範圍

至於幼兒園班級經營的內容，國內學者周新富（2020）提出幼兒園班級經營內容應包括提升學習動機、安排教室環境、建立班級規則、善用獎懲策略、處理不當行為；谷瑞勉（2020）將班級經營的範圍分為行政管理、課程管理、常規管理和教室環境管理等四方面；顏士程等人（2020）將其分成教學活動、親師互動、教室管理、師生互動、保育能力等五項。許淑貞等人（2014）將幼兒園班級經營的內容分成行政事務、學習環境、教學活動、常規訓練、不當行為的輔導、班級氣氛及親師互動等七項；臧瑩卓（2011）以研究的角度探討幼兒園教師班級經營策略運用情形，將班級經營的內涵分成行政經營、教學經營、環境規劃、常規管理、個案輔導、人際關係、親師溝通和教師自省等八個層面。

由此可知，幼兒園班級經營比起其他教育階段的班級經營內容有增無減，因為幼兒年幼需要成人更多照顧和保育，而幼兒保育的工作在班級經營的範疇中更不容忽略，故而幼兒園的班級經營比起其他教育階段更複雜、更具有挑戰性。由以下的實例分享可見幼兒園跟其他教育階段的班級經營有很大的不同。

班級氛圍展現教師班級經營特質，班級氣氛溫馨和煦、步調不急不躁以及和緩流暢，教與學交匯川流其中，教師有指導與規定、有開放與包容，班級充滿活力，幼兒快樂的成為班級一員。以下實例分享是一位準教師進入幼兒園班級實習時，親睹令人難忘的教師班級經營一幕。

⟨實例分享⟩

　　在斑馬班實習時，看到了朱老師和吳老師像和藹的媽媽一樣。幼兒一早來老師就提醒每位幼兒先整理書包，再來開始大肌肉活動，因為孩子都很興奮，所以容易有吵雜、推擠的狀況，這時候老師們就會用嚴厲卻不失溫柔的口吻去制止他們，來維持秩序及幼兒安全；大肌肉活動結束，幼兒進入教室學習區學習，當幼兒遇到問題時，老師並不會馬上為幼兒解答，而是循序漸進地引導幼兒，最終目的為培養他們自行解決問題的獨立性。看到老師們多會用傾聽的方式去了解幼兒的想法，並使用溫暖的言語去鼓勵幼兒，所以幼兒們在課堂上的表現都很活潑主動，也很喜歡來上學！

　　在實例中呈現幼兒園教師班級經營至少包括教學經營、常規管理、幼兒行為輔導、與幼兒人際互動。

三、本書幼兒園班級經營的內容與範圍

　　學者對於班級經營提出不同的內容與範圍，乃是期望教師在經營班級上能關注更多不同的面向，使班級經營更具全面性、有效性、反省性及人性化達成幼兒教育目標。然而，幼兒園班級經營的事務還是集中在與幼兒有關的人、事、地、物等面向。本書的幼兒園班級經營之內涵未跨越這些範疇，而以實務性為基礎列出幼兒園班級經營的內容，共有四個面向十個主題，主要著重教師班級經營的可行性及有效性。四個面向分別是「班級管理」、「學習環境規劃」、「幼兒行為輔導」及「人際關係互動」，十個主題為本書班級經營主要內容：(1) 溺愛世代之管與教；(2) 幼兒分離焦慮之處理；(3) 班級常規與紀律建立之關鍵期；(4) 規劃合宜不侵犯之空間；(5) 干擾行為之輔導；(6) 分心行為之輔導；

(7) 扮演好幼兒間之仲裁者；(8) 混齡班之班級經營；(9) 人人都是快樂小螞蟻：公平分派；(10) 親師互動雙贏策略。以下會針對十個主題背後的動機與背景，依序說明。

在此特別說明，本書未將教學經營的面向列入其中，因為筆者認為教學是教師的專業素養，班級經營與教學之間是相輔相成，班級經營輔助教學達成目標，班級經營是教學的助力而不是主力，它無法取代教學，而且迄今幼兒教學模式有很多種，每一種幼兒教學模式都有其獨特的教育哲學觀與教法，無法用一種教學模式涵蓋所有的幼兒教學。因此，本書只呈現班級經營直接相關的內容，分別是班級管理、學習環境規劃、幼兒行為輔導及人際關係互動等四個面向。

（一）班級管理

班級管理是其他面向的基石，當幼兒班級常規未建立，與班級相關的事務就無從運作，而本書中歸屬此面向的有三個主題：班級常規與紀律建立之關鍵期、人人都是快樂小螞蟻：公平分派，以及扮演好幼兒間之仲裁者。

1. 班級常規與紀律建立之關鍵期

因為「好的開始是成功的一半」，教師藉由開學之初先訂定班級常規，擬訂班級共同配合遵守的規範，讓幼兒在入園之初就有規矩可循，並建立紀律，熟悉班級作息及培養幼兒基本生活技能，同時學會健康及安全的自我管理，而使班級各項事務能順利運行。

2. 人人都是快樂小螞蟻：公平分派

開學之初，除了建立班規讓幼兒循規蹈矩外，教師需要善用獎懲增強策略，讓幼兒樂意參與班級事務，也讓幼兒感受到自己是班級中的成員，進而產生對班級的隸屬感與安全感。當教師公平分派幼兒分擔班級

事務，先由班級一起訂出公共事務，設立班級小幫手共同分擔，使每位幼兒如「快樂小螞蟻」，為班級盡心盡力。如此，教師就能有效經營班級，同時也培養出幼兒正確的服務態度，並激發潛能、發揮專長、樂於助人。

3. 扮演好幼兒間之仲裁者

在班級經營中，幼兒遵守常規會有過於與不及的情形產生。過於的幼兒看不慣稍有踰矩就會向教師告狀，同時，也要面對那些碰觸班級常規底線而被舉發的幼兒。面對這些告狀與舉發，教師扮演仲裁者使用積極管理策略，給予幼兒合理的賞罰，持守公正，也建立幼兒判斷是非對錯的能力，並使大家能繼續遵守班級常規。

（二）學習環境規劃

幼兒園的環境規劃在建立一個有利於幼兒成長的學習空間，給予幼兒安全成長，利於幼兒自由探索、社會互動與展現創造力，而規劃好的幼兒學習環境能發揮境教的功能。

● 規劃合宜不侵犯之空間

規劃合宜不侵犯之空間，提供幼兒在安全舒適環境下，不受拘束的探索與學習，而幼兒學習環境涵蓋園所的學習空間、設施和設備，包括室內及室外（湯志民，2004）。另外，學者又將學習環境分為物理環境與心理環境，物理環境包括教室、桌子、溫度、採光、色彩等情境佈置；心理環境指班級成員與物理環境互動下，心靈感受到溫馨、安全、溫暖、愉悅的感覺（林寶貴，2003）。

「規劃合宜不侵犯之空間」也指教師對學習環境的規劃，能規劃出一個動靜分明、合宜的幼兒活動空間，而減少意外傷害。並且在教室內有活動及學習動線的規劃，桌椅、物件擺設符合孩子的需求，而在營造

溫馨合宜之學習環境下，也能增進幼兒之間同儕互動，建立良好的人際關係，並發揮潛移默化的功能促使幼兒主動學習。

（三）幼兒行為輔導

在所有幼兒園班級經營的面向中，以「幼兒行為輔導」對教師最具挑戰性。因為教師若處理不當，直接影響幼兒入學意願或危及幼兒的安全。在這個面向中包括的主題有：幼兒分離焦慮之處理、干擾行為之輔導，以及分心行為之輔導。

1. 幼兒分離焦慮之處理

幼兒分離焦慮之處理指當幼兒初入正式的學校系統，離開熟悉的家與親人，進入陌生的學校，要獨自面對新的人、事與物，再加上幼兒從不受約束來到層層束縛的環境，一時難以適應，心理產生恐慌而形成就學焦慮。教師須幫助幼兒化解焦慮，轉化幼兒的驚嚇與害怕，吸引他們入園學習。故而，教師的因應策略在幫助幼兒克服焦慮，並且釋出親切、溫馨和愛來吸引幼兒，讓他們在幼兒園快樂學習。

2. 干擾行為之輔導

能夠掌控秩序或管理學生的行為，教師才得以能順利進行教學活動。本書指的干擾行為包括違規行為、破壞行為與攻擊行為。干擾行為會中斷班級活動的進行，而教師常以增強良好的行為、消弱不當的行為、修正學生不良行為，以達成班級經營的目標。

3. 分心行為之輔導

幼兒專注時間短又容易分心，幼兒分心行為不僅影響幼兒本身的學習，更會影響班級活動的進行。學者 Doyle（1986）認為教師在教室內對幼兒給予個別互動或妥善安排課程有助於達成秩序的維持，而其中以

「個別教導」的方式最能減少分心行為（谷瑞勉，2020）。本書所訪談的資深教師提出利用多元策略（唸兒歌、口訣、手指謠、模仿聲音）能幫助幼兒專注學習。

（四）人際關係互動

班級經營包含人際互動的經營，教師人際關係互動的主要對象包含幼兒與家長。故本書人際關係互動面向包含三個主題，分別為溺愛世代之管與教、混齡班之班級經營，以及親師互動雙贏策略。

1. 溺愛世代之管與教

溺愛世代之管與教說明幼教師從事幼兒管與教，會受到大環境的影響。因為隨著教育改革趨勢，幼兒的家長或社會對幼教的觀點及價值觀也都跟著改變，而迫使教師將班級經營的思維與做法隨之調整，這如生態學所強調的幼兒與環境互動而影響其發展（Bronfenbrener, 1979）。因此，本書將「溺愛世代之管與教」列在本書的第一個主題，述及教師在時代潮流的衝擊下，班級經營將會面對的難題與阻力，以及教師應如何因應。

2. 混齡班之班級經營

班級編班受到少子化趨勢的影響，幼兒園會將不同年齡層的幼兒編在同一班，稱為「混齡班」，也就是不再只有相同年齡層組成一個班級。事實上，「混齡班」成立的基礎在於仿效真實的社會，因為社會是由不同年齡的人聚集而成，班級便是一個小型社會，為提早讓幼兒熟悉社會，而將不同年齡的幼兒編成一班共同學習。要特別注意的是「混齡班」的教與學應與同年班級的教與學及班級經營方式不同，教師需顧及因材施教的原理。一般教師會以正向協助方式引導幼兒融入班級中，促進其社會行為的正常發展。

3. 親師互動雙贏策略

　　本書最後一個主題是親師互動雙贏策略，是指親師關係經營以期獲得雙贏。因為班級經營也要關注學校與家庭，以及與社區的聯繫。教師有效班級經營需要利用多方的資源來協助，當親師關係成功的建立，家長將成為教師的支持者與協助者，能引發幼兒更多的正向行為。營造親師關係合作無間，教師在親師互動雙贏策略下，不只對教師之班級經營有助益，也能達到師生與家長三贏的局面。

＼ 伍、結論 ／

　　幼兒園班級經營是幼教工作的第一線，舉凡班級秩序的維持、班級環境佈置、班級氣氛的營造、師生關係的建立，都有賴班級經營。而教師主導班級經營，為此，教師必須在專業生涯中不斷提升班級經營的知識與能力，協助幼兒健全發展與學習成長。

　　本書旨在幫助教學現場前線的幼教師，能有方向、有目標地深耕班級經營，並有成效地展現班級特色。本章「幼兒園班級經營緒論」主要論及幼兒班級經營的重要性、定義、內容，也提出幼兒園班級經營的四個面向及十個主題。排列的順序在一開始就指出教師班級經營面對時代環境改變帶來的問題，應找到因應策略，並把握關鍵時間建立班級常規，協助幼兒以發展正向的師生關係，規劃合宜的學習空間給予幼兒舒適的學習環境，營造良好學習氣氛，促進有效教與學，並對干擾及分心的行為加以輔導，使班級活動順暢進行，亦積極地與家長互動，建立親師關係贏得家長的支持，使教師班級經營順暢運作。

　　本書強調幼兒園班級經營是智慧與專業的體現，更強調班級經營經驗的分享，期能有助於現場的教師更加具備專業與能力，承擔這項繁複

的工作與任務，給予幼兒最佳的學習環境。每位教師雖懷抱不同的班級經營理念，展現不同的班級特色，但相同的是對幼兒的愛未曾改變，都期望每棵小樹苗能在優質班級經營的園地中充滿活力地茁壯成長。

參考書目 ✎

朱文雄（1989）。**班級經營**。復文。

吳明隆（2003）。**班級經營與教學新趨勢**。五南。

吳清山（1990）。班級經營的基本概念。載於吳清山、李錫津、劉緬懷、莊貞銀、盧美貴（編），**班級經營**（3-31頁）。心理。

吳清山（2000）。**班級經營**。心理。

谷瑞勉（2020）。**幼兒園班級經營：反省性教師的思考與行動**（第三版六刷）。心理。

周新富（2020）。**幼兒班級經營**（第三版）。華騰。

林和春（2018）。教師班級經營應加強重視的議題。**臺灣教育評論月刊，7**（6），83-86。

林進材（1998）。**班級經營**。復文。

林寶貴（2003）。**特殊教育理論與實務**。五南。

張民杰（2012）。**班級經營：學說與案例應用**。高等教育。

許淑貞、莊雅琳、胡淨雯、許孟勤、施宜煌（2014）。**幼兒園班級經營**（第二版）。華都。

郭明德（2001）。**班級經營：理論、實務、策略與研究**。五南。

郭喬雯、施又瑀（2020）。打造以人為本的幼兒優質學習環境。**臺灣教育評論月刊，9**（10），139-144。

陳木金（1999）。**班級經營**。揚智。

陳木金（2006）。從班級經營策略對教學效能影響看師資培育的實務取向。**教育研究與發展期刊，2**（1），33-62。

單文經（1994）。**班級經營策略研究**。師大書苑。

單文經（1998）。坊間出版「班級經營」專書概覽。**課程與教學，1**（1），159-166。

湯志民（2004）。**幼兒學習環境設計**。五南。

臧瑩卓（2011）。幼兒園教師班級經營策略運用情形之研究。**幼兒保育學刊，9**，17-36。

蔡淑桂（2003）。**幼兒班級經營**。永大。

謝金青（2016）。**班級經營：理論知能與實務技巧**。黃金學堂。

顏士程、鄭孟忠、陳世穎、林俊成、王揚智、廖祝雍（2020）。**幼兒園課室經營**（第二版）。華騰。

Bronfenbrener, U. (1979). *The ecology of human development: Experiments by nature and design*. Harvard University Press.

Doyle, W. (1986). Classroom organization and management. In M. Wittrock (Ed.), *Handbook of research on teaching* (3rd ed., pp. 113-127). Sunny Press.

溺愛世代之管與教

溺愛世代下教師對學生的管與教，在一方面綁手（法令）、另一方面綁腳（父母溺愛）下很難為，教師要如何才能有所為呢？

＼ 壹、前言 ／

溺愛世代形成的背景來自少子化，少子化是指生育率下降，幼兒人數漸減的現象。少子化帶來的影響是全面的，包括教育、經濟、社會及文化無不受到影響。少子化造成幼年人口逐漸減少，也代表著未來人口逐漸變少，社會結構、經濟發展等各方面也產生重大改變。同時，少子化影響層面相當深遠，在教育方面，造成學校班級數減少、教師超額、私立學校倒閉等問題；在勞動力方面，導致就業人力萎縮、勞動力高齡化，人力需求無法滿足，影響國家人力資源的發展；在財政方面，以年金與健保為例，由於少子化造成的倒金字塔人口結構，老人人口偏高，醫療負擔增加。如果新一代人數增加的速度遠低於上一代自然死亡的速度，更會造成人口不足。所以，少子化是許多國家（特別是已開發國家）非常關心的議題。

因少子化，家長對於家中孩子呵護備至，深怕他們受傷、被欺負，擔心孩子在學校中受到教師的懲罰或偏待；而教師對管教幼兒持有專業理念與態度，跟家長寵愛孩子的方式不同，導致教師和家長的意見歧異而造成許多管教上的困擾。教師該如何化解這些難題呢？教師應先了解

溺愛的成因，再找出因應方法。

貳、溺愛的定義與成因

一、溺愛的定義

溺愛是指過度的寵愛，是一般照顧者對於孩子的一種特殊感情與表現，例如來自直屬親人的、超越一般父母所表現的感情，通常帶著強烈主觀感情及非理性的表達方式，例如縱容及過度保護。溺愛來自家長，本書通稱的家長還包括隔代教養的祖父母及外祖父母。

二、溺愛的成因

少子化時代的來臨，幼兒人數減少直接影響到家庭與學校教育的方式與態度，尤其來自家長的溺愛，造成教師對幼兒的管與教有了更多的挑戰性。

溺愛可能源自家長忙於工作無暇管教孩子，又在彌補心態下導致過度寵溺讓孩子予取予求，反而降低孩子面對挑戰的能力，幼兒遇到困難就畏懼退縮、缺乏信心，也喪失獨立自主及自動自發學習的能力，更失去學習成長的機會。溺愛下的孩子到了幼兒園，較容易抵觸幼兒園及班級教師的規範與期望，形成師生之間的緊張，例如，教師希望幼兒能學到各項知識技能、生活自理能力、與人相處的能力，但家長卻不勉強幼兒接受學習挑戰與壓力，造成孩子的抗壓性與挫折忍受度降低，容易產生不適應與偏差行為，教師對這些幼兒的教導形成很大的壓力。因此，教師身處少子化溺愛世代下，對幼兒管與教的挑戰應如何因應？

＼ 參、家長溺愛下的幼兒 ／

　　溺愛下的幼兒因家長對孩子過於保護、過多遷就、過多的代勞，扼殺孩子天性的開展，影響幼兒不良性格形成。過多的遷就使得孩子變得像珍寶一般，家長總擔心孩子出問題，且凡事代勞而捨不得讓孩子靠自己的力量去嘗試、思考、動手、解決問題，容易造成孩子不能自立自強。家長給予特殊對待，形成孩子在家中的地位高人一等，加上過分關注，生活中以孩子為中心時刻關照他、陪伴他。如此的過度照顧或過度保護、過度溺愛或過度放任下，幼兒除養成自我中心及依賴的習性外，還會無法面對挑戰、無法忍受挫折及難以適應新的環境。在幼兒園裡常見到幼兒挑戰權威，對教師的要求規定形成敵對或抗拒，若教師在幼兒犯錯時告知家長，溺愛的家長反而是縱容且袒護，對幼兒更是有求必應，使得教師在學校很難管教孩子。

＼ 肆、溺愛世代下教師面對的挑戰 ／

　　溺愛世代下家長對教師管教孩子的期望與過去不同，以下分享一位資深教師對時代變化所帶來不同管與教態度的深切感受。

一、家長的寵溺

　　早些年當家長遇到教師，跟教師抱怨孩子的過錯時，家長通常都會對教師說：「老師你盡量處罰沒關係！」當教師向家長反映孩子在學校不守規矩時，家長會覺得自己沒把孩子教好而感到不好意思，希望教師對孩子嚴格一點。但隨時代改變，家長對子女的態度不再像過去，而且大大的不同！現代的家長常過度寵溺及順著孩子，也不要教師管自己的

孩子，造成教師的專業管教權旁落！

二、家長逆著寵

家長的寵溺帶給教師在管教上的難題，因為若都順著家長的要求，就會對其他的幼兒不公平。

例如一位家長洪媽媽說：「小翔是我們家的獨生子，所以相對的我們會比較疼他，他想要什麼我們都盡量滿足他，但是老師卻常常跟我說我家翔翔喜歡搶其他小朋友的玩具，但我並不覺得這是我家小翔的錯啊！或許那個玩具是其他小朋友先拿到的沒錯，但是，放在幼兒園裡的玩具不就是大家都可以玩的嗎？如果是其他小朋友玩到一半放在旁邊，我們家小翔再拿去玩，這樣也算搶嗎？我覺得老師應該要先將事情的原委弄清楚了再處理，而不是都只會說是我家小翔的不對，況且我在家裡都很少處罰小翔了，怎麼可能會讓老師來處罰我家的孩子！」這類家長通常無法接受教師反映幼兒在學校的不當行為，較會一味袒護自己的孩子。

三、家長順著寵

許多現代父母常是一味的寵溺孩子，只要孩子在學校少造成家長的困擾就好，他們反而會要求教師凡事順著孩子。例如張老師班上的一位幼兒早上帶奶瓶來不停的吸，中午吃不下飯，且午餐偏食不吃青菜，跟同學講不了幾句話就發生爭執，張老師想問明他爭吵原因，但他口語表達不清，張老師認為這些是因為幼兒奶瓶吸久了，又不吃青菜，造成咀嚼能力不好，影響到口語表達能力。因此張老師想建議家長讓幼兒在家少吸奶瓶、多吃蔬菜、多開口講話，才能有助於「構音」發展。但當她跟家長溝通時，家長卻回應：「在家小寶餓了，就是塞給他奶瓶比較快，他不愛吃菜，老師就不要為難孩子啊！」

家長要求教師順著幼兒的管教方式反而不利幼兒成長，但家長被寵溺幼兒的心蒙蔽住了，無法接受教師的專業建議。

四、家長自己管

有些家長並不肯定教師管教的專業能力，送幼兒去學校只是為了分擔家長照顧幼兒的時間。若要管教孩子，他們認為還是回歸家長自己管就好了。被訪談的教師反映當她跟家長溝通管教孩子的事，A 家長的反應是：「我的孩子不希望老師特別的關注，假如孩子做錯事，請老師能在第一時間通知我，我來處理。」對教師稍微尊重的 B 家長說：「我希望老師一視同仁，不要有特別的對待就好了，但是希望能多注意他各方面的發展，假如孩子在園內發生任何狀況，請老師能立即通知我，或是能隨時與我保持聯絡以了解孩子的各種狀況，我來解決！」

也有的家長公私分明、把管與教的責任分開。C 家長要求教師：「我知道我家的小孩本身比較好動，每次我去幼兒園接他的時候，也常常聽到老師跟我說一些我家小孩的事情，雖然每次聽起來都有點不開心，但是一方面又覺得老師肯跟我說，就表示她真的在關心我家的小孩，因此老師才會想要讓家長多多注意一下自己小朋友的狀況。但是，我並不希望老師會因為我家的小朋友犯錯而來處罰他，我覺得我自己的小孩，我自己回家會管教，如果他犯錯回家後我會處罰他，而老師的責任就是把該學的東西教給他，而不是花時間來管教他，所以我比較沒有辦法接受老師處罰我的小孩。」

一般溺愛孩子的家長對教師的專業和教法會抱持質疑的態度，甚至嚴苛要求教師配合他們的想法，認為教師應如何……。但身為教師仍要以專業的態度跟家長溝通，獲得家長的支持。

＼ 伍、溺愛世代下的教師作為 ／

家長捨不得讓教師插手管教孩子，面對家長的質疑與不信任時，資深的教師建議，教師應該先了解家長對於管教孩子的立場，以及跟家長溝通彼此對管教孩子的期望，才能化解家長的疑慮，而有所作為。

● 一、先了解家長的心聲

了解家長對管教幼兒的看法是問題解決的敲門磚。當筆者訪問幼兒園家長，詢問他們期望教師如何對待孩子時，家長大多反映不贊同教師處罰孩子，更反對體罰孩子。因此，教師要先理解家長的想法，才不會踩到家長的地雷區。

（一）家長反對體罰

有的家長表面上說不反對教師體罰孩子，事實上教師真的體罰孩子了，還是觸犯到他們的底線。

李媽媽認為教師需有愛心與耐心來照顧孩子，她非常重視孩子的品格，希望孩子在幼兒園除了能受到良好的教育外，也希望孩子在生活打理上能夠有解決問題及應變問題的能力。李媽媽是認同教師適度的處罰，但不希望用打或很大聲的罵孩子，以不傷到孩子身心發展為主，如果孩子犯錯，李媽媽希望教師能指導孩子，先告訴孩子他錯在哪，以「理」來教導孩子，別讓孩子連錯在哪都不知道，就直接被體罰了！

蔡媽媽希望教師能給予愛、耐心的教育教導孩子，對於處罰方式，適度體罰是可以的，但是不希望教師在體罰時帶有個人情緒、使用傷害的語言（如：小傻瓜嗎？聽不懂老師說的話嗎？）因為有時個人情緒因素的影響，容易使體罰下手力道過度而傷到孩子，此外，教師處罰孩子

時的言語，更要經過思考是否會對幼小心靈造成影響。

浣熊班蘇爸爸說：「現在大部分的家長都傾向於愛的教育，但是，我對於孩子的管教我覺得適時的打罵對他們來說才是對的。可是，現在的家長小孩生的少，許多老師就算想要嚴格的管教他們也都會被家長投訴，但是，我卻告訴我小孩的老師，只要是我的小孩犯錯，以不讓他們受傷的前提下，是可以適當的處罰我的孩子，例如：下課不要讓他跟其他小朋友玩，或是讓他去跑腿之類的，對我來說這些都是可以接受的，因為我覺得適當的管教才可以將小孩錯誤的行為給修正過來。」

浣熊班媽媽認為孩子該處罰就處罰，但處罰之後仍要與家長有良好的溝通，並希望教師不要太溺愛孩子，認為孩子做任何事要有責任感。

黃媽媽希望教師能一視同仁較好：「我不會去要求老師瑣碎的事情都要注意，也不會是一位龜毛的家長。」她希望教師能適時的告知家長孩子在學校的情況，而且教師和家長也要能互相溝通教養方法。

彩虹班蘇爸爸對於體罰，認為適度的體罰是可以接受的，但體罰後應主動告知家長，讓家長知道。

大象班媽媽認為教師教導的方式和家長教導方式要能一致，讓孩子覺得在學校猶如在家中一般，教師和家長要常溝通。

邱媽媽認為若在學校發生什麼事情，希望教師能夠隨時告知，以便做好良好的親師溝通，希望孩子有個快樂學習的地方。

綿羊班媽媽希望教師尊重孩子的成長步調，不要教不是這個年紀所要學的東西，讓孩子以多元的方式成長。

上述有的家長並不反對處罰孩子，但多數家長仍然很排斥體罰，認為會造成身心靈傷害。

（二）家長希望教師有愛心和耐心

　　一般家長總希望教師盡職又善良，能夠很有耐心的教導孩子，讓孩子愈來愈進步。

　　陳媽媽說：「老師的行業是從事非常有愛心、耐心及理性的工作，對待孩子要黑白有別，公私分明來處理每件事情，要適度的個別引導讓孩子更加成長，能獨當一面學會對自己負責。」

　　花鹿班媽媽認為教師應該要有愛心，最重要的是要有耐心，不要體罰學生。

　　浣熊班媽媽認為教師要有愛心，幫助幼兒上課能學到東西。

　　黃媽媽認為當幼兒不乖時，教師要有一致性處理的方法，如果課堂上孩子聽不懂時，能耐心教導，又如果遇到幼兒超皮時，希望教師不要有所歧視，認定他就是不乖、教不好。當幼兒跟不上學習時，最希望教師能夠有耐心一點，最重要的是安全，小孩快樂就好！

　　普遍家長都期望教師對自己的孩子有愛心、耐心，最好還是不體罰孩子！

（三）家長希望教師不情緒化、不偏心

　　袋鼠班媽媽希望教師有原則，她可以接受孩子被處罰（只能接受罰站而已），但不要情緒化的隨便體罰孩子。

　　蘇媽媽希望教師在處理事情時，盡可能不參雜個人的情緒在裡面（人非聖賢，每個人都是有情緒的），但希望只對單一事件作處理。

　　花鹿班爸爸希望孩子做錯事情就是要打，但不要情緒化，希望教師客觀的解決孩子的問題。

　　企鵝班媽媽希望教師不要把情緒帶到學校裡，孩子能依照學校規定

把事情做好，若做錯事教師再加以指導。

　　白兔班媽媽希望教師不要偏心、對某位孩童特別喜愛，要讓孩子知道尊重別人和不要傷害自己的重要性。

　　李媽媽希望教師對她的小孩是公平的對待，與其他小朋友一樣一視同仁，不要因為她身為幼教老師，而給孩子特別待遇。教師可以用心觀察孩子在學校與同儕之間的互動是否良好（人際關係如何）、生活自理能力及課業問題。

　　歸納上述家長對教師的建議，家長的共同心聲有：當孩子犯錯時，希望教師能私下給予指正，在生活中機會教育下鼓勵多於責備；教師用愛心、耐心、平常心、關心並接納每一個來自不同家庭環境的小孩，也要同理孩子無意間的犯錯；期望教師能專心傾聽孩子的心聲，也培養孩子會專心傾聽別人；教師能多用誠懇的話語讚美與鼓勵孩子；教師本身要多增進專業知識幫助幼兒成長。

二、與家長相互溝通

　　資深教師提出：多跟家長溝通是解決之道。當遇到家長的溺愛行為，教師面對家長及幼兒的因應方式是，與家長溝通時不能說孩子的不好，否則家長會翻臉！

　　當教師遇到溺愛的家長造成管教幼兒的困擾時，應該跟家長溝通化解難題。

（一）了解家庭成因

　　教師要主動去了解家長溺愛幼兒的原因，才能對症下藥。被訪談的郭老師回應：「我會先了解家長溺愛在哪裡？然後也了解在這樣的區塊裡，幼兒團體生活中會遇到哪些困難。也會先稍微認同家長對孩子的溺

愛是一種愛的表現，但同時分析這樣的狀況可能會帶給孩子哪些適應上的問題。」

她發現有些幼兒的問題來自家庭的問題，例如：不僅在家餵孩子吃飯，還因為孩子喜歡邊跑邊玩邊吃飯，一頓餐點往往要吃超過一小時，造成幼兒在學校用餐總是來不及或是自己不會吃，導致時間到餓肚子；又如在家為了讓孩子有安全感而整天包尿布，導致來學校也依賴尿布，而不願融入團體的生活自理。

教師在接觸孩子一陣子及多加觀察後，會適時跟家長提出看到的情形，往往家長會說：「在家都很乖，不會有這些狀況。」此時可以告訴家長，因為幼兒在家沒有這些現象，但在幼兒園的團體生活中發生狀況，為了幫助孩子才會跟家長溝通。跟家長分享幼兒在校的情形，然後建議家長調整做法（對當時事件提供建議），共同幫助孩子適應得更好。

（二）低姿態處理意外事件

1. 先安撫及道歉

幼兒在學校若發生意外，因家長寵愛孩子，通常都會先怪罪教師，這時教師先道歉再作處理較為恰當。因為當教師採取低姿態先向家長道歉，以及安撫孩子及家長的情緒之後，教師才能對發生的事件作明確的處理。後續也要向家長報告處理方式，讓家長了解處理過程，並一再保證會多注意幼兒的安全。

2. 以專業態度面對家長

教師如何有效的跟家長溝通？首先，教師要拿出專業態度，讓家長看到教師們的處理能力。如遇到幼兒跌倒，先告知家長已經先幫幼兒冰敷，並請學校醫護人員過來作進一步處理。其次，把孩子的狀況講給家

長聽，如有提出問題時幫忙解決，並提供建議。例如，選擇合適的鞋子給幼兒，有足夠的支撐和防滑功能，減少跌倒機會。最後，則是多與家長面對面溝通或打電話聯絡，讓家長覺得把孩子交到幼兒園是放心的。

（三）以幼兒為溝通焦點

　　教師與家長的溝通重點在幫助幼兒，忌諱談八卦訊息或批評其他幼兒。最常遇到的問題是幼兒在幼兒園產生偏差的行為以及幼兒缺乏自主能力，教師需針對這些問題與家長溝通，並以專業能力解決問題。

1. 幼兒偏差行為

　　若幼兒行為較偏差（例如：愛亂打人、態度不佳），教師應與家長溝通，並找出改善的方法。解決方式是要先了解打人原因及傾聽孩子的說明，並與家長溝通。如果幼兒是偶爾有行為偏差的問題，可先觀察，若是長期的話就要與家長談談家裡的狀況，看是否有家暴情形或環境因素影響，並向家長說明利害關係，讓家長審視在家與幼兒的相處模式。教師也要提出學校方針對幼兒所作努力的部分，例如透過幼兒與同儕互動或個別溝通；或用故事或活動的方式潛移默化，讓幼兒了解哪些行為是對的，哪些行為是錯的。

2. 幼兒缺乏自理能力

　　溺愛下的幼兒最欠缺的就是自理能力，凡事依賴別人幫忙，到了學校，例如預備手帕、水壺、綁鞋帶、自己吃飯等能力，也被家長忽視。建議處理方式如下：教師向家長說明幼兒生活上所造成的困擾，像是在團體中會被嘲笑，以及孩子以後會面臨的問題，讓家長了解幼兒的處境，邀請家長幫助幼兒學會獨立自主，並討論如何幫助幼兒。教師可適時要求孩子，並且以增強方式或同儕力量約束他，例如在大家面前鼓勵他、讚美他，讓他有成就感，感受到做好一件事情可以那麼開心。

（四）教師提供家長管教建議

教師應給予家長專業的建議，讓家長能調整做法，幫助被溺愛慣的幼兒。

1. 孩子的行為深受父母影響

讓家長了解幼兒的行為深受父母影響，孩子是父母的鏡子，父母的行為舉止常常會反映在孩子身上。想改變孩子的行為時，要先檢視自己，小孩學習的對象不外乎是家長、教師和同學，尤其父母對孩子的影響力更大。

2. 重視孩子表達

教師建議家長耐心聽幼兒的表達，因為幼兒的表達能力有限，說話不如大人流暢，他的需求一時無法講清楚會一直重複說，常讓家長失去耐心而直接給予回應，而所給的回應若不是幼兒期望的，容易造成親子關係緊張。

3. 要給孩子正確的觀念

當幼兒犯錯時，家長要給予其自我負責的機會，甚至接受處罰。避免以物質方式作誘惑，以免誤導幼兒對於是非對錯的判斷力，以為付出就要有回報，最終讓孩子有偏激的想法，認為吵鬧就有糖吃！更影響幼兒對家長予取予求，把家長當成提款機，對家長敲一敲（鬧一鬧）就會掉出想要的。

4. 給孩子安全感

家長要給孩子足夠的安全感，讓他知道父母不會離開他。多給孩子肯定和鼓勵，表達家長對他的愛，更不要拿孩子去跟別人作比較，否則孩子會認為別人都比他好，產生自卑感。

5. 和孩子溝通

盡量用小孩能夠了解的言語去溝通，讓孩子知道父母所表達的意思以及對他的期望，並善用肢體語言讓孩子更容易理解，明確的表達父母的期望，讓他們知道父母的要求。

6. 親師再溝通

教師與家長溝通是為了幫助家長了解教師對幼兒管教方式，有助於以親師合作的方式解決幼兒的問題，並幫助家長調整對幼兒的管教方式，而採用親子溝通的方式來關心幼兒。充分的親師溝通是化解意見不合及衝突的最佳策略，彼此放下歧異，以幫助幼兒為前提的溝通，也是家長最能接受的方法。

家長要的是「教師要與家長有良好的溝通、教師和家長要常溝通」、希望教師能適時告知家長孩子在學校的情況，而且和家長互相溝通教養方法；對待孩子不要偏心，不要把情緒帶到學校裡，希望教師不要情緒化的隨便體罰；最希望教師能夠有耐心一點，更要多增進專業知識。

由於家長的眼光多只看到自己孩子的缺乏，會要求教師多照顧自己的孩子，並未思及教師的立場；教師不能單只注意他的孩子，而是要顧及每位幼兒的需求，及時提供協助或制止突發的傷害。故在基本立場上，雙方就已經是不一樣。但教師不能忽略家長的想法，有時更要站在家長的角度，同理家長的不安與需求，轉化來自家長的阻力成為助力。

陸、教師執行管與教

一、教師的自我期許

1. 利用 IQ，以專業的知識與智慧來引導幼兒改變其不良行為。
2. 善用 EQ，不要讓家長挑起教師的情緒。
3. 需要有耐心、寬容的心來面對家長所提出的不合理問題（因為家長有時就像小孩子般的執拗）。

二、教師管與教的原則

教師對待在家被溺愛的驕縱幼兒，因應原則如下：

1. 當孩子太過驕縱時，教師可以利用團體的約束力量來約束他。
2. 如有意外發生，事後利用團體討論的時間做機會教育。
3. 教師要堅持原則。不讓幼兒隨心所欲，當幼兒出現合理的要求給予滿足，不合理的要求適時阻止。

當幼兒的行為出現表裡不一，亦即在家不會有不良行為，但到學校就原形畢露，在班上特別愛帶頭搗蛋，教師的處理方式：

1. 不好的行為若不會傷害人就選擇漠視；出現好的行為時，則以增強方式如讚美多給予鼓勵。
2. 先寬容再嚴格：因家庭及學校環境不一樣，幼兒適應及接受新環境的程度也不同，所以當幼兒出現不良行為時，教師宜先制止，第一、二次好好溝通，第三次先預告，若仍溝通無效則以隔離方式處理。
3. 給予警告：教師把後果告訴幼兒，例如交不到朋友之類。
4. 與幼兒約法三章，讓他知道好的行為是可以被讚賞的，增強幼兒好

的行為；不好的、愛搗蛋的行為會被討厭，讓幼兒慢慢改變不好的
行為。

＼ 柒、總結 ／

現今少子化的世代，每一位幼兒都是父母親的寶貝，且是父母的專
寵。相對的，家長對教師有更多的要求，因為在他們眼中自己的寶貝是
無人可比，教師需要專一的對待，必須小心翼翼的護著他們，深怕他
們受到傷害，更不能有半點苛責！在此情況下，教師的管與教難為，
似乎專業權也被拱走了！但教師的專業是無可取代的，愈是溺愛下難以
實施的管與教，更需要教師力挽狂瀾，澈底了解家長寵溺幼兒的原因
與背景，並以十分誠懇的態度跟家長溝通，撒出教師的專業網，抓住問
題核心，化解幼兒管教的難題。由於現況中政府推動零體罰，有法令
的約束，教師不會輕易的對幼兒施予處罰，加上處罰不再是管教上的萬
靈丹，其實一般教師幾乎會以勸導、獎勵的方式取代，不讓幼兒有身體
上或心靈上的傷害。因此，最重要的是家長和教師需有更多的溝通，透
過理性溝通，雙方取得共識，對管與教的立場建立在「明確的期待和規
則」上，盡量避免在孩子面前意見分歧。

少子化的直接影響是父母更多的疼愛與寵溺，更為難學校教師。因
為家長對子女的寵愛，教師在家長心中的地位隨著產生變化，過去尊師
重道的精神受到動搖。但教師的職責還是在作育英才有教無類，況且站
在教育最前端的幼教師，更責無旁貸要扶植幼苗能活潑健康快樂成長，
且無時無刻把管與教的分寸拿捏得當，既不違背專業，也能在因應溺愛
世代下站立得住。每位家長所要求的都不一樣，教師有經驗及有想法的
教導，將能拋開這溺愛的束縛，給予孩子東西。當然，最重要的是要有
良好的班級經營技巧，才能助人又利己。

參考書目 ✐

李盈穎、劉承賢、賀先蕙（2006）。孩子們正遭受「溺愛病毒」。**商業周刊，977**。

幼兒分離焦慮之處理

＼ 壹、前言 ／

幼兒園開學之初，從遠處教室裡傳來幼兒的哭聲，有的是震耳欲聾的哭叫，有的是嚎哭、有的歇斯底里大哭、有的不停歇的飲泣，以及大聲嚷著或綿綿細語要找爸爸媽媽、阿公阿媽，這些聲音傳遞著幼兒與家人分離的不安和無助。之後，每天上演幼兒哭哭啼啼的來學校，家人離開前要十八相送的戲碼。

每當家長送新生來幼兒園時，除了哭泣外，幼兒還會抓著或抱住親人不放、發脾氣，讓家人很難將他送入幼兒園；如果幼兒被強迫進入班級，會一味的哭泣啜泣、靜坐、不吃飯、不聽指令、不願意跟其他人玩、拒絕參與活動；接著是不願意上學，有的還會出現嘔吐、頭痛的反應。這種種現象，有的幼兒一、兩天就停歇，有的是一兩個星期還是不變，要家長一再保證會來學校接他回家後，才會告一段落。這種現象一般被稱為開學的分離焦慮，也就是幼兒面臨新環境及離開親人所表現出來的行為。

幼兒每天要離開家人到幼兒園這個陌生的地方，面對新的環境及新的事物讓幼兒難以適應而焦慮不安。但是，幼兒園每班只有兩名教師，開學之際要迎接新生入園，而新入園的幼兒人數有的一班二、三十人，當教師遇到多數的幼兒同時哭鬧時，常會手忙腳亂。教師開學後的首要

任務，就是安撫好分離焦慮的幼兒，讓他們能每天快快樂樂的來上學。教師面對各種分離焦慮狀態的幼兒需要有不同的對應措施，基本上要先認識分離焦慮的成因，才能對症下藥，幫助幼兒適應幼兒園。

＼ 貳、分離焦慮 ／

　　當孩子跟熟悉的照顧者分開時，會呈現焦慮不安、傷心、沮喪、悶悶不樂的情緒，或是特別黏人、特別愛哭，甚至特別固執，希望照顧者能留在身邊不要分開，這種與主要依附對象分離而產生的焦慮，稱為「分離焦慮」，幼兒離開熟悉的環境與親人離別時容易發生這種現象。

　　分離焦慮的成因，分成認知因素與社會因素。在認知因素方面，幼兒在認知發展的過程中，受到物體恆存概念影響。「物體恆存概念」是指嬰兒了解物體從眼前消失後，並不是永遠消失，還可以在別的地方找得到。例如嬰兒看到眼前玩具消失了，他們會去尋找；又如見到餵奶的媽媽不見了，知道當他再次飢餓時，媽媽還會來餵奶。因此，幼兒分離焦慮形成可解釋為他們的「物體恆存概念」發展不完全所造成，因為他們不理解親人在眼前消失後還是會再出現，這種不安的情緒導致心理的恐懼和焦慮，而表現出分離焦慮的行為。這種情緒伴隨著成長還會影響到幼兒期，甚至到成人階段。再就社會因素而言，若幼兒「社會發展」較成熟，有「安全的依附關係」，如幼兒跟照顧他的親人關係建立非常緊密，當暫時離開親人，幼兒會產生分離焦慮。針對認知與社會因素形成的分離焦慮，可以透過教師與家人的教導安撫而舒緩，減輕而後消失。

　　幼兒分離焦慮的程度因時間、因人而異，有的幼兒一開始就無法適應；有的則是入學前面幾天因為進入新環境產生新鮮感、覺得好玩，而未出現適應困難的問題。分離焦慮也會有不同程度的表現，最初表現為

反抗、哭鬧、拒絕他人，表現極度痛苦；接下去的情緒反應則為無助、冷漠、傷心、失望；有可能到最後幼兒似乎變得「正常」，即對於所依附對象的分離，表現出漠視和無動於衷。分離焦慮持續的時間長短有所不同，一般來說隨著時間的推移，幼兒逐漸熟悉環境會自行緩解，愈小的孩子則需要比較長的時間才能完全適應。分離焦慮的舒緩會因人而異，有的幼兒差不多一個禮拜就好了，有的需要一個月，有的可能要兩到三個月以上，端看幼兒的個性、生長環境、家中有無手足及與照顧者的互動情形，如果幼兒與照顧者關係密切，分離焦慮持續的時間會比較久。

在現況中也有特例，被訪談教師曾遇到不同分離焦慮的幼兒，當被問及幼兒大約需要多少時間才能適應，他們認為有些孩子需要數小時至數天，有些孩子根本沒有這種困擾，但有些孩子可以長達數個月之久。其中一位教師分享，她班上有一名幼童已經入學一年了，每天早上到幼兒園還是會有這種現象。

分離焦慮是幼兒入園初期常見的現象。一旦幼兒有分離焦慮，教師就要花較多心思去照顧，除了孩子與教師較難建立關係外，也會影響到全班的上課與作息，更讓家長心神不寧。開學初如何緩解幼兒的分離焦慮，已成為幼教師、家長十分關注的問題，雙方進行溝通合作有助於幼兒克服開學的分離焦慮。

參、教師如何因應幼兒的分離焦慮

當教師遇到幼兒開學有分離焦慮時，教師的專業態度與能力是處理幼兒分離焦慮的關鍵。

一、教師專業態度

　　教師的專業態度是指教師對幼兒分離焦慮的認知與處理的態度。教師能正確的認識分離焦慮的成因，並以正向心態看待分離焦慮的幼兒，分辨幼兒分離焦慮與適應不良的差異並採取因應措施，接納幼兒的分離焦慮、釋出關懷，將能積極的幫助幼兒順利度過開學的過渡期。

（一）正向心態

　　教師要以正向心態看待幼兒的分離焦慮，應把幼兒的分離焦慮視為面對新環境、離開親人心生不安所衍生的一種暫時性情緒表現，而不是把幼兒的分離焦慮當作罹患了一種名為「分離焦慮症」的疾病。分離焦慮是幼兒開學進入幼兒園跟親人離別或脫離慣有的生活環境所產生的恐懼。這種不安焦慮會有時間性，當幼兒適應新生活之後，分離焦慮就消失了。因此，教師不要人云亦云而隨風起舞，誇大幼兒焦慮的嚴重性，這不僅嚇到自己也嚇壞家長，要運用專業的態度與能力化解幼兒的分離焦慮，儘早讓班級進入正常的運作。

（二）辨別分離焦慮與適應不良

　　教師要能分辨分離焦慮和適應不良有所不同。兩者的主要對象不同：分離焦慮指因主要照顧者的離開，致使幼兒表現出焦慮和苦惱的行為，短時間會改善。但是適應不良，對象可能是對環境、教師、同儕等產生不適應的情形，而此不適應的狀態影響到身體、心理兩方面，在短時間內不容易改善。

　　這兩類的不同端賴教師專業的判斷力，同時教師更需要有敏銳的觀察力，才能處理好幼兒分離焦慮的問題。被訪談的賴老師提出她的實務經驗，她發現有一種幼兒的分離焦慮，表面上沒有哭泣這種外顯的行

為，而是比較內向或害羞，但自尊心比較高或者愛面子，是有偶像包袱的孩子。他們的狀況是很安靜，都會跟著團體行動，教師不仔細觀察會以為他已經適應學校生活，但其實他只是靜靜地跟著團體行動，內心還是有些焦慮不安，卻不會特別表現出來，這樣的孩子比那種會哭會鬧的幼兒，較容易被教師忽略。當教師發現之後需要跟家長溝通，因為家長可能以為自己的孩子比較能挺著，好像沒事，然而這類孩子沒哭、沒鬧，在學校狀況看是還好，但有可能會是一顆未爆彈，需要教師「主動」關心，以防患未然。

（三）設立緩衝期

孩子剛踏進幼兒園無法適應，是因年紀較小的孩子或多或少都會有嚴重的分離焦慮問題，教師應為幼兒備好一段緩衝的時間，讓孩子好好的面對暫時與親人離別，去接納陌生的人、事、物，並與教師建立信任關係。因此，教師要同理孩子的焦慮，而不是一味的責罵、強迫幼兒立即停止哭泣。同時，教師本身要控制好自身情緒，不可急躁，並隨時主動關心幼兒，就算幼兒不再哭鬧，或者有些幼兒沒有哭鬧的外顯表現，依然要主動關心，盡可能做「觀察紀錄」多注意幼兒個別差異，了解幼兒個性、興趣與家庭背景。

資深教師分享，孩子出現分離焦慮的問題不會有特定類型。以初入園的幼生來說，因有的幼兒是居家一對一的保姆或媽媽照顧，或是居住公寓少與外人接觸，又或是幼兒本身個性較內向羞怯，這類的幼兒較容易出現分離焦慮。教師的處理方式也會因人而不同，建議教師們在處理幼兒的分離焦慮問題時不能墨守成規，或是經驗法則至上，應多參考其他教師的做法，彈性的面對會處理得更周全。

（四）釋出溫馨

態度要和藹、有耐心、多微笑、有愛心是幼兒園教師必須具備的，還要熟悉每名幼兒初來園時的情緒表現，並多關注身體不適或分離焦慮嚴重的幼兒。進而要多跟家長交流，了解每位幼兒的個性特質和行為習慣，對不同的孩子要採用不同的對待方式，並給予尊重和接納。

（五）避免錯誤處理

分離焦慮是孩子最常見的心理危機之一，當孩子初踏進幼兒園新環境容易產生恐懼感。資深教師叮嚀要避免以下錯誤處理方式：

1. 避免將幼兒關在黑暗的場所，或施以恐嚇的手段：例如孩子不聽話時威脅孩子說，再哭會被鬼抓走，這類話語會讓幼兒的潛意識產生幻想，加深他內心的恐懼，更容易產生分離焦慮症狀。
2. 避免強迫分離的情形發生：不要讓家長在生氣的情況下與孩子分開；因家長送幼兒到幼兒園後要趕上班，幼兒若纏著家長不放，易惹得家長情緒上身，然而家長的情緒反應又會讓孩子更加不安。
3. 避免以欺騙的方式處理：分離焦慮就是因為孩子不相信家長還會再回來，若一味的哄騙孩子說家長馬上就回來，但事實上並不是如此，這只會加深孩子對家長離開的不信任。
4. 避免趁孩子睡著時離開：午睡前教師安撫幼兒後離開，要在幼兒睡醒前返回，不要讓幼兒醒來後看不到老師也找不到人，這會讓幼兒更加不安。

二、專業課程與環境規劃

資深教師認為，分離焦慮是孩子對親情情緒的抒發，是孩子們的自然反應。對於分離焦慮的孩子，第一次見面時就要讓孩子對教師產生信

賴。孩子第一天來上學，教師應先幫助幼兒建立安全感，讓孩子對教師增加信賴感，並對幼兒園產生興趣。教師以專業能力處理幼兒的分離焦慮，例如在正式或非正式的課程設計與安排能吸引幼兒參與的活動。

（一）非正式課程

　　幼兒園的環境及幼兒園相關人員的態度都會影響到幼兒入園的意願。為舒緩幼兒的分離焦慮，班級教師宜設計活動吸引幼兒願意繼續入園學習。教師先不要急著上正式課程，可以先玩一些遊戲放鬆孩子的緊張情緒，或設計一天的活動「認識校園」，帶整個班去認識園內的人員。例如，對園所裡面所有教師都稱呼為某某媽咪，藉以拉近距離，並透過擁抱、牽手等肢體的接觸讓幼兒感受到溫暖，或以安排小天使讓舊同學去帶新同學的方式，促使幼兒早點建立人際關係。

（二）正式課程

　　教師除適時安撫幼兒外，還要適當安排與規劃課程及教學，主要的目的在消弭幼兒的分離焦慮。當孩子出現分離焦慮時，教師設計的課程或活動要以能吸引幼兒的興趣，或讓幼兒結交好朋友為動力，開導或影響新入學的幼兒學習，進而一同去牽動新生產生磁場效應。

1. 活動設計

　　在班級裡以團體互動方式或唱唱跳跳較活潑的課程為主，避免靜態的課程，因為靜態的課程不但無法吸引孩子，反而讓孩子產生厭惡感；或者安排有趣的活動讓幼兒先在教室中觀看其他小朋友玩遊戲，不強迫參加，等到幼兒感興趣後，再帶著他一起加入；或者在每天的大肌肉活動，設計幼兒可以一起合作完成闖關的活動，讓幼兒早日融入群體，與同儕建立互動關係。

2. 學習區佈置

　　幼兒的學習環境需做特殊安排，以分散他們的焦慮。特別是情境上要讓孩子有在家的感覺，才不至於讓孩子感覺陌生產生恐懼。教師運用環境來吸引幼兒，可請家長提供家裡的照片貼在孩子工作櫃上；或設立一個隱密角落或情緒區，准許幼兒帶著讓他有安全感的東西來，例如學習區或個人置物櫃中有幼兒自己的抱枕、毛巾娃娃等；或在娃娃區設計一個「我家的客廳」放置幼兒家人的照片，讓孩子看到時能有歸屬感。

　　也可以設立玩具區，家長幫幼兒帶他們的玩偶或喜歡的玩具來放在玩具區，讓幼兒分享自己帶來的玩具，輪流介紹玩法，在介紹完之後，讓玩具的主人邀請大家：「請大家一起來玩！」；或在圖書區擺放繪本，善用繪本（害怕上學的繪本），除帶領幼兒自己翻閱外，在大團體時間教師朗讀給幼兒聽，並邀請舊生分享如何克服上學的恐懼經驗。

三、解決幼兒分離焦慮的策略

　　分離焦慮是幼兒入園初期常見的現象。開學一、二天時，當教師的班級有好幾個幼兒有分離焦慮發生時，教師應如何處理孩子的分離焦慮，幫助幼兒順利進入幼兒園學習？以下整理出資深幼教師提出的因應策略：

（一）安撫

　　教師在處理幼兒分離焦慮時，要先了解幼兒的情況，讓幼兒把自己情緒適當的發洩出來，而不是一味的叫他不要吵鬧；當教師安撫幼兒焦慮情緒時，也讓幼兒了解教師知道他的不安，多與幼兒談話、拍拍他們的背、握握他們的手表示關切，或給予擁抱與安慰，讓他們更有安全感。

　　若幼兒入園就哭鬧，教師應盡量安撫這些幼兒。對於哭鬧比較嚴重的，教師要先了解幼兒情緒爆發的原因，例如年紀比較小的幼兒沒睡飽、有起床氣，家長硬是一大早把孩子帶來，更讓孩子不想上學、想在家睡覺賴著家長。教師先讓幼兒把不情願的情緒發洩出來，並口述同理幼兒：「你沒有睡飽，好睏哦！」對比較大的幼兒就用溝通的方式，讓較大的孩子了解表達情緒可以有其他的方法，例如畫下思念父母的模樣、在語文區錄下想對父母說的話等等。

　　為安撫幼兒情緒，幼兒提出的條件若是可以做到的範圍，教師可都先答應，但要與幼兒做好約定。若幼兒堅持要找他的爸爸，教師安慰他後，詢問他爸爸的手機號碼，讓孩子安心知道教師會連絡爸爸；當孩子開始分散與父母分離的不安，慢慢習慣與陌生人相處時，教師仍要關注，有時讓孩子依偎在身旁，例如午休時特別安排幼兒睡在教師的身邊，給予安撫讓他安心入睡；有時分離焦慮嚴重的幼兒往往哭到最後累了小睡一下，到下午又生龍活虎。

　　幼兒的分離焦慮主要是以依附對象為主，時間為上學時、午餐時、午睡時會有情緒反應。這時教師應給予孩子安全感，讓他帶著屬於自己的熟悉的物品，可降低分離焦慮的程度。特別要提醒教師，在孩子午寢時間一定要撥空打電話給家長，轉達教師跟孩子的互動情形，包括處理的過程及孩子的反應，如此也間接解除家長對幼兒分離焦慮的掛心。

（二）轉移注意力

　　開學時，當班上有好幾個孩子有分離焦慮的情形發生，教師除先安撫外，接著就是轉移幼兒的注意力，以漸進的方式引導幼兒。

　　當孩子情緒宣洩完之後，再慢慢轉移幼兒的注意力，不要讓孩子一直盯著門口看著家長離開，讓他有被拋棄的感覺。大部分會以遊戲、玩具、戶外活動去吸引孩子轉移注意力。例如在幼兒哭鬧時，用物品吸引

他的注意來轉移他關注的焦點，多運用玩具、教具（例如會旋轉的小玩具），來轉移幼兒的注意力，緩和一下幼兒激動的情緒。如果這些方法都沒有用，就帶幼兒去戶外走走，不要一直待在教室裡面，要去轉移和分散他的注意力。教師帶著孩子去校園到處走走看看，讓幼兒認識園所環境，看看小動物、花草，或是池塘中的魚、小鳥等等，因孩子到處走走認識新鮮的事物，能吸引孩子對校園的好奇心，等幼兒情緒比較緩和之後，徵詢幼兒的意願，如果願意回教室上課，再利用一些實質的東西獎勵幼兒，讓孩子能有勇氣去接受及面對新的人、事、物。

　　再者，因每一位幼兒分離焦慮持續的時間都不一樣，剛開始不需要讓幼兒太早進入學習，可以帶著他們多熟悉學校與各班教師和其他小朋友，讓幼兒對於學校這個環境有多一些的信任，也讓他們知道他還有老師的愛和很多同學都可以陪著他玩，讓他暫時忘記和親人分開的不安。

（三）找幫手

　　幼兒園開學的第一天，最好有足夠的人手幫忙接替處理幼兒的分離焦慮，因為單靠一位教師要安撫一群哭鬧的幼兒，會讓人感覺手足無措，有時候還有可能釀成局面大混亂。教師可以找身邊可用的資源：

- 請另一位教師先將哭鬧的幼兒帶開。
- 請實習教師個別帶開。
- 請幼兒園裡的同事協助幫忙輔導，或扮演媽媽的角色安撫。
- 請另一位教師或教保員在遊戲時或是午睡時陪伴分離焦慮的幼兒，讓幼兒慢慢的把依附感轉換到教師或教保員。
- 可以請同事、助理或園長幫忙處理，將幼兒帶離現場以免造成骨牌效應（幼兒一起哭鬧）影響全班。

　　幼兒分離焦慮的狀況若嚴重影響到其他幼兒，教師處理的方式可能需要將幼兒先暫時隔離，但隔離時也要有人陪著幼兒，例如暫時請園長

把他帶在身邊；或者教師帶著分離焦慮的幼兒跟同儕玩，或請大班的哥哥姊姊照顧他陪他玩。這些幫手能在最需要的時間點提供適當的支援與協助，無疑的可減輕教師的壓力與負擔。

（四）同儕協助

教師可以利用幼兒間同儕互動，轉移幼兒的注意力。同儕是指與分離焦慮的幼兒是同一班級，也可以指同在幼兒園的同學。來自同儕的協助有：

• 教師介紹同年齡的玩伴，讓分離焦慮的幼兒有友伴同樂，而喜歡上學，減輕對家人的思念。
• 教師請不會哭或比較大的幼兒陪伴有分離焦慮的幼兒。
• 教師請班上的舊生帶著新生玩，因孩子和孩子之間較能快速的溝通，比較容易讓幼兒對這個班級產生歸屬感，很快融入新的學習，這也是同儕鷹架的運用。

當教師運用同儕協助幫助分離焦慮的幼兒時，同伴的選擇要選比較活潑、外向的幼兒，作一對一的陪同；也可以找班上較有責任感、願意照顧的幼兒與新生一起玩，這會讓新生較快融入同儕之中。

當教師請幼兒的同儕陪伴時，以邀請商量的態度跟分離焦慮的幼兒說：「幼兒園有好多玩具和小朋友可以陪你玩，好嗎？」或以詢問方式問：「你家裡有很多玩具，你可不可以帶來讓小朋友跟你玩？」讓他覺得在幼兒園可以交到朋友是好玩的事，再藉著因幼兒接受同儕幫助給予獎勵，加速他結交新朋友，幫助分離焦慮的幼兒進入團體。

（五）給予獎勵

安撫好幼兒的哭鬧，加上轉移家人離開的注意力之後，教師要給予幼兒獎勵。獎勵可以是實質的鼓勵，例如糖果、貼紙、小玩具等吸引幼

兒的東西，也可以是社會性獎勵，例如給予勇敢卡、團討時公開鼓勵或讚美新生的努力等。教師在下列情況給予分離焦慮的幼兒獎勵較恰當：

- 若幼兒有半天或一天沒有哭鬧即給予獎勵。
- 當孩子沒有哭或表現很好時，就給他一點小獎勵，例如集點卡或小貼紙作為鼓勵，並堅定的告訴幼兒：「明天再加油！」增強孩子獨立的信心。
- 當幼兒與其他的幼兒建立友好關係時，可以給幼兒擁抱或是給一些小禮物。
- 當幼兒哭泣的次數減少時誇讚孩子，因他們可以跟其他小朋友一起玩、一起學習是很了不起的事，教師要不吝惜的稱讚幼兒「長大了！」並讓他覺得上學跟同學玩是一件很快樂的事。

教師要給予幼兒鼓勵，增強幼兒的表現。同時，最好的獎勵來自教師熱情的對待孩子，例如擁抱，讓幼兒感受到安全感與歸屬感。

另一種是負增強是，當幼兒哭泣時，就跟他說「你若還要哭，那老師想拿手機把你拍照起來，拿給別人看」，或許孩子會顧慮被同儕嘲笑，就會停止哭泣。事實上，使用正增強的獎勵會比負增強的警告更容易建立師生的關係。

（六）家長陪讀

被訪談的教師認為幼兒因開學發生分離焦慮，妥協的方法之一是請家長陪同孩子一段時間，讓幼兒能慢慢適應、安心。家長陪伴的時間依照幼兒的狀況而定，家長也要以漸進的方式陪讀，陪同時間由一天遞減到半天，再減到一至二小時的陪伴時間。

讓家長陪讀、讓幼兒讀半天等等，主要是給幼兒一些安全感。第一個禮拜如果家長願意陪伴幼兒，通常教師都會通融，並說明家長陪伴的次數要慢慢減少，第二個禮拜就請家長安心的把孩子交給園所。然後再

慢慢讓孩子脫離對家長的依賴，盡快適應新環境。

　　資深教師建議家長讓孩子先從半日班適應，也就是讓孩子等待家長的時間愈短愈好。若家長捨不得離開幼兒，教師的處理方式是請園長帶開，告知家長這是正常現象，並舉例給家長聽，跟家長說明讓他安心，讓家長能理解教師的意思並配合教師。家長離開時，要與孩子說清楚何時會來接他，不可以說謊，同時要跟孩子說：「我現在要跟你說再見了。」孩子回家後，家長可與孩子聊聊學校發生什麼事，讓孩子覺得上學是一件大事，家長沒有忽略孩子上學的重要性。

　　為了幫助幼兒克服分離焦慮，由家長從第一天陪讀半天到孩子漸漸習慣，教師要堅持縮短時間，最後讓家長送孩子到學校即可離開，交由教師負責接手，讓幼兒主要照顧者安心放手交由教師去引導及安撫。教師接手後，可以幫幼兒適應周遭環境、「熟悉」環境，進而讓孩子對環境有歸屬感。

　　因此教師處理幼兒分離焦慮，首要先安撫幼兒的焦慮情緒，再轉移幼兒與親人分離的不安，接著是妥善的安排人手幫忙，包括園裡的行政人員或幼兒的同學，時時給幼兒獎勵建立獨立就讀的信心，也要跟家長有好的聯繫，包括讓家長開學後幾日的陪讀。

　　以下是資深教師的實例分享，他們在面對幼兒分離焦慮時，為化解幼兒的不安所採取的因應措施，這些經驗可供參考。

實例分享

實例一

　　林老師認為幼兒的分離焦慮有很多種表現方式，有哭鬧、尿床、行為退化、情緒不穩定、攻擊行為（咬人），或不願離開照顧者，但哭鬧是最常見的。例如，班上有一位小女生，她一開始來

上課的時候，是有爸爸陪讀的，而且她有一件依附物一定要帶在身上，不想跟爸爸分開，所以不太容易親近。林老師的解決方式是請那個幼兒與班上其他幼兒一起活動（手指謠之類的），不要讓她一直待在同一個地方，多去戶外、多與她說說話、多抱抱她，讓幼兒知道老師也是很愛她的，學校也是安全的地方。多了解幼兒的需求，也要跟家長密切聯繫，讓家長回家多與幼兒聊學校的話題，也能降低幼兒的不信任感。

實例二

　　莊老師提到剛開學時，小芸（5歲）每天到校就哭著找媽媽，媽媽是上班族沒有多餘時間可以陪同上學。莊老師因事情繁忙，請班上另一位老師全天陪同小芸，帶她遊走幼兒園。幾天下來，情況依然未改變。後來，莊老師就親自陪同小芸，並循序漸進安撫她。接著利用教具「心情臉譜」解決問題，莊老師介紹臉譜，描述喜怒哀樂的表情讓幼兒看，並表演幼兒哭的樣子，然後問她喜歡哪一種表情，幼兒指出高興的表情，莊老師就與她約定，只要來到幼兒園不要哭，老師就把臉譜送給她，後來小芸就不哭了，莊老師覺得這個方法的效果特別不錯。

實例三

　　林老師分享新學期企鵝班來了一位新生，早上來上學時哭著要找媽媽，老師安撫、擁抱、給予實質的誘惑都沒見效，仍然吵著要找媽媽。林老師只好打電話到辦公室，請辦公室的行政人員給媽媽打電話，結果與媽媽通電話之後他就安心了不少。林老師不責怪他的吵鬧，但態度很堅定的告訴他：「我知道你很想媽媽，但是媽媽

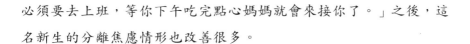

必須要去上班，等你下午吃完點心媽媽就會來接你了。」之後，這名新生的分離焦慮情形也改善很多。

實例四

鄭老師提到班上有一位幼兒曾經有被家人嚇過的經驗，這個幼兒開學後整整一個多月還有分離焦慮。原因是孩子的媽媽曾經離家出走三天三夜，讓幼兒強烈的沒有安全感，來幼兒園上學會讓他深深覺得媽媽不會來接他，每天哭哭啼啼的。鄭老師每天陪著他，其實也不知道陪他過了多少天，只知道有一天帶著孩子去廁所，坐在椅子上等他上廁所，因為太累而睡著了！等她驚醒後發現怎麼沒聽到幼兒的哭聲了，她睜開眼睛一看，發現原來孩子站在她面前看著她，並對她微笑。從這天起，孩子開始信任老師，不再哭了。鄭老師每天用心陪伴孩子，幼兒都體會得到。

實例五

郭老師印象最深的是有一位小女生，開學幾天都不進教室，無論如何安撫或轉移她的注意力都無法成功，也不讓小朋友或老師靠近她，最後郭老師說服她，讓幼兒先卸下心防：「妳不進來上課沒關係！但老師和媽媽一樣愛妳，只是妳不進來老師會擔心！所以，請妳坐在教室門口讓老師可以看到妳，這樣可以嗎？」幼兒就願意坐在教室內的門邊，等待媽媽來接她，她就這樣一直在門口坐了一星期，慢慢地，她受到其他小朋友上課活動或遊戲吸引，漸漸釋放防衛進入教室跟著上課。

實例六

有一位小孩子在上學過程中，不斷的問陳老師：「媽媽什麼時候會來接我？」老師指著牆上的時鐘告訴他：「當短針走到 4 的數字，長針走到 12 的時候，媽媽就會來接你了。」小孩很聰明，就動手把時鐘的針轉到老師所告訴他的 4：00，然後馬上跑去告訴陳老師：「時鐘已經到 4 點了，我媽媽是不是要來接我了？」為此，陳老師特別講：「時針弟弟跑得慢」的故事給他聽，也教他認識時鐘，之後他學會看時鐘等候媽媽來接他回家，教師也邀請他當班上的「報時小童」，幫忙教師提醒班上小朋友何時收拾玩具。

實例七

郭老師是一位資深又特別受家長歡迎的教師，當訪談她有關幼兒分離焦慮的解決辦法時，她把多年來的經驗傾囊相授，也將她認為有效的策略濃縮成幾個要點作分享：

1. **安撫**：給予口語上的安慰外，還要有擁抱的肢體語言，能給予幼兒心靈上的安慰。

2. **轉移注意力**：拒絕進教室的孩子可以帶他去戶外走走，或是玩遊樂器材；或當幼兒哭著找媽媽時，就拿起電話撥給幼兒的媽媽，但若幼兒媽媽一時沒接到電話，權宜之計就只能拿起室內電話撥給辦公室的人，假裝撥給媽媽，再告訴幼兒，若他乖乖的，媽媽就會在幾點鐘來接他回家。等家長來接幼兒時，要如實告知打給辦公室權充媽媽的事，並詢問幼兒的媽媽方便接電話的時間。

3. **給予安全感**：讓幼兒帶依附物品來，會讓幼兒覺得有安全感。午睡時，若孩子精神很好睡不著，可以請他到老師旁邊，讓老師陪

著他，幼兒會比較安心。如果幼兒假睡，老師可以輕輕摸他的眼皮，說：「眼睛好像還在叮咚噢（沒閉上眼睛睡）！」老師不用勉強幼兒睡覺，可以陪著幼兒並給幼兒一段時間適應。

4. **舒緩焦慮**：孩子想媽媽時，若是在上課中，可以請孩子用手比一個愛心的動作，愛心象徵媽媽，請他跟媽媽說：「我要上課了！」再請他先把「媽媽」收進口袋裡。若是在午睡時，請孩子說：「我要睡午覺了！」然後把「媽媽」拿出來親三下。

5. **建立信心**：有的幼兒初到幼兒園會拒食，不吃午餐。如果孩子拒絕吃午餐，老師不可以將孩子與其他孩子做比較，且老師須有敏銳的觀察力，了解幼兒是挑食或是在賭氣不吃飯？老師可以主動關懷並給予鼓勵，例如跟幼兒說：「你今天看起來心情不好，老師餵你！但我覺得你明天可以自己做到。」當幼兒接受餵食，老師也要跟幼兒約定，養成幼兒能主動吃飯的習慣。

上述是資深教師分享的實例，他們把自己實踐有成的經驗或心得，透過訪談傳承下來，除了覺得幫助別人的同時，也成就了自己。教師們認為當幫助別人解決幼兒的分離焦慮時，也能感受到在同業中彼此勉勵，生發出相互扶持的力量。

＼ 肆、教師與家長溝通共同解決 ／

幼兒的分離焦慮源自家庭，分離焦慮背後的家庭因素或是家人對幼兒的一舉一動，都有可能是星火燎原的原因，若不處理會一發不可收拾。教師除單方面滅火之外，也要讓家長參與其中，來遏止幼兒焦慮的蔓延。教師面對幼兒開學的分離焦慮，家長配合會有事半功倍的效果。

一、了解家長期望

一般而言，對家長來說幼兒的分離焦慮是一件令他們很頭痛的事。被訪談的家長感受最深刻的是，在每天早上送孩子去上學時，變成一項很艱辛和困難的工作，要與孩子分開的時候，孩子會不停的哭泣，但是又不得不去上班，只好轉身離開，但轉身的那一瞬間，又會讓家長覺得很有罪惡感與焦慮。另外，家長認為光是在時間的安排、生活作息上，自己的情緒也會受到影響，例如，答應孩子下午吃完點心要去接他，就必須要很準時，不能讓孩子覺得媽媽都騙他、媽媽是不是不要我了，要讓孩子覺得媽媽沒有忘記要去接他，幼兒的焦慮讓家長覺得是心中的重擔！所以，家長直覺認為找教師幫忙是最佳的途徑。

二、協助家長作出正確判斷

家長遇到幼兒抗拒入學時，教師要幫助家長判斷幼兒是否得了分離焦慮。教師可明確指出家長若發現自己的小孩有下列現象發生，且持續時間超過兩星期，就要跟幼兒園教師合作幫助幼兒克服分離焦慮。資深教師分享：

1. 幼兒和主要依賴、依附的親人分離時，出現過度痛苦的情緒。
2. 當預期可能與自己依賴、依附的人分離時，就會開始不安、鬧情緒、哭鬧不停。
3. 因害怕分離而拒絕睡覺，或睡夢中出現與依賴的人、依附的人分離的惡夢。
4. 過度擔心自己依賴、依附的人受到傷害、死亡、消失或拋棄自己。
5. 幼兒自己不願獨處、不願單獨外出、拒絕上學，只想和自己依賴、依附的人留在家裡。
6. 經常不明原因地發燒、感冒、頭痛、腹瀉。

7. 當發現可能與自己依賴、依附的人分離時，會出現身體不適的現象。

當家長審視自己的孩子有上述現象，需進一步探究形成的原因，並配合教師作改善。

三、幼兒分離焦慮的家庭因素

教師幫助家長了解不只新的環境讓幼兒形成分離焦慮，家庭因素也間接影響到幼兒面對新環境時形成分離焦慮，因素如下：

1. 在家庭中有不愉快的相處經驗，如：父母時常在孩子面前爭執。
2. 父母或身邊照顧者時常出現恐嚇性言語，如：常對幼兒警告，若不乖媽媽就不要你、愛哭就把你送給別人、不乖就送你去警察局、這樣老師會處罰你等。
3. 父母本身的工作壓力或焦慮在無形中影響孩子。
4. 當孩子出現不安時，家長處理不當造成孩子心裡更加不安。
5. 心理與環境因素：孩子沒有與父母親建立安全的依附關係；或是家長過度保護導致孩子無法獨立活動，都會提高孩子出現分離焦慮的機率。
6. 學習因素：家長自己在面對與孩子分離時表現出焦慮行為，或是本身較常焦慮不安，都有可能透過某種方式傳遞給孩子，讓孩子學習到焦慮行為模式。
7. 家長的不忍心：有時讓幼兒分離焦慮持續的原因是家長的不忍心，例如有些家長可能還是捨不得、放不下自己的孩子留在幼兒園沒有親人陪伴，但這樣持續溺愛往往造成更嚴重的反效果。有時孩子在學校適應狀況不錯，但家長放不下心，甚至跑到幼兒園看他、關心他，而使得孩子的分離焦慮情形再度出現。

四、協助幼兒克服分離焦慮

　　教師要幫助家長了解幼兒有分離焦慮是因幼兒無法適應外在的新狀況，因極度害怕、缺乏安全感，轉而對重要照顧者過度依戀。教師也要安定家長的心，讓家長明白即使幼兒有分離焦慮，但幼兒只是暫時害怕陌生人、不喜歡跟同齡孩子玩，或是對某些事物（面對陌生人）特別害怕，過一段時間就能適應幼兒園，融入新生活，而且大都也會隨著年齡增長，慢慢克服焦慮。因此家長在心態上、在協助幼兒適應上，要有實際的行動配合。

（一）心態上

　　教師鼓勵家長必須耐住性子，以正向態度鼓勵幼兒挑戰新的環境，建立孩子的信心，以溫柔而堅定的態度陪孩子走過恐懼的幽谷，責罵與過多的要求只會讓他們更不安、退步。在這段過渡期裡，家長不能掉以輕心，如果沒有給予幼兒足夠的關懷與支持，就會造成負面的情緒發展，潛藏在孩子的個性中，也許會變得沒有自信，或是沒有勇氣面對新的事物等。家長在送孩子到幼兒園之前，一定要事前告知、甚至前一晚告訴孩子，說一些讓孩子放心的話，例如：「老師會陪你，媽媽去○○○，等一下就回來。」「你吃完三碗（早餐、午餐、點心各一碗），爸爸就來接你回家。」

　　當幼兒出現不願上學的情緒時，不要指責孩子這是不對的行為，更毋須施以處罰，這樣會令孩子更加缺乏自信去適應團體生活。

　　另外，教師應建議家長每天盡可能撥出至少半小時的時間，專心經營親子互動，增加與孩子相處的機會，使孩子體認父母無條件與持續性的關愛，如此也有助於減少幼兒的分離焦慮。同時讓家長相信幼兒經歷過分離焦慮後，能夠更為成熟，適應與家人的分離，並且學習獨立。

（二）處理分離焦慮做法

1. 平時的訓練。讓幼兒有短暫離開親人的經驗，並遵守與幼兒約定的時間，讓幼兒不會感到焦慮。

2. 分離焦慮需要一段時間克服，家長要給幼兒一段分離緩衝期，耐心且漸進式的引導幼兒。

3. 送幼兒到幼兒園時，必要時堅定的離開。

4. 每天給予孩子完整的一段時間，以誘導的方式讓孩子說出學校的生活，及他喜歡和不喜歡的地方，並給予支持與鼓勵。

5. 多從孩子的角度看問題，當孩子在述說時，以微笑、點頭及眼神的接觸表示你在仔細聆聽並願意相信他。

6. 建立與校方及教師的溝通管道，針對教育的理念及方式與教師充分溝通，讓孩子有標準可依循。

7. 培養幼兒生活自理的能力。若家長在家就已經建立幼兒生活自理的行為，孩子就能比較快適應學校生活，因為他只要面對「跟家人分開」的困難。但沒有生活自理能力的孩子還得要面臨：自己吃飯、自己脫鞋子、自己整理物品、自己去上廁所等，加上跟家人分開，若幼兒什麼都不會做也不想自己做，要去面對這些，上學豈不是成為他的惡夢！

伍、親師合作助幼兒順利就學

幼兒進入幼兒園學習是成長必經的過程。在家長與教師合作配合下，給予幼兒充足的時間與機會預備、適應與學習，幼兒的分離焦慮就能輕易度過。家長在幼兒開學前、開學時及開學後不同的階段，應負不同的任務幫助幼兒入園學習。

一、開學前

　　幼兒準備到幼兒園上學，新的人、事、物及環境適應，對他們而言都是一大挑戰，若家長在幼兒上學前，先為幼兒做一些預備工作，對於孩子適應幼兒園非常有幫助。幼兒園或教師可以先告知家長為幼兒先做預備，如下：

- 帶孩子參與幼兒園的活動，先認識學校環境與教師，如：參觀幼兒園。
- 培養早睡早起的習慣，讓孩子有充分體力迎接每一個上學日。
- 和孩子一起準備上學物品，增加孩子的參與感。
- 每天利用一段時間和孩子聊天，先讓孩子知道幼兒園的生活，如：會在幼兒園吃點心和午餐、和小朋友一起玩、老師在學校會代替爸爸媽媽照顧他等。
- 利用繪本向孩子說明在幼兒園的時候會由誰來照顧他、幫忙他，學校一日的作息等。
- 教師先讓家長了解一般幼兒入學後的焦慮可能會持續多久才能紓解。

　　被訪談的教師分享，招生期間或者遇有新生家長來電詢問的，通常都會先打個預防針，跟家長說新生不論大中小年紀都需要至少一個月的適應期，而且每個孩子需要的時間長短不一。然後遇到中秋節連假（如果八月初開學，九月底或十月放連假）後可能又會再經歷一次分離焦慮，因為孩子放了三到四天假，可能以為不用上學了很開心，但假期結束還是要去學校，也許會有幾天再重新哭著說不要上學，這也是正常的。

　　開學前，家長為幼兒超前部署，讓幼兒事先認識幼兒園的新環境及新老師，這對幼兒而言是給了一顆安定劑。前面提過，幼兒分離焦慮的

原因是幼兒初面對新環境、新的人事物而產生不安的情緒。家長趁幼兒園招生前開放參觀時，帶著幼兒到校園走一走或到遊樂場玩一玩，讓幼兒對新環境產生好奇心，再慢慢引導他進入新的學習環境。

二、開學時

- 家長可在開學初，幫孩子準備依附、可提供安全感的玩具或被子，讓幼兒有安全感。有些幼兒獨愛自己的玩偶，有些幼兒則獨愛自己的小被子，因此，在幼兒與父母的短暫分離中，讓幼兒帶著這些能為他帶來安定、信任感的物品或玩具，可讓幼兒安心許多。另外，也可讓幼兒帶著父母或主要照顧者的幾樣東西在身上，如有家人照片的鑰匙圈、梳子、包包，讓幼兒對家長的存在感與回來的承諾，更加有信心。

- 適度讓孩子知道上學是長大的象徵，也是每一位小朋友的責任，就像家長必須工作是一種責任一樣，都是一件愉快而應該做的事。

- 當孩子出現不願意上學的情緒時，不要指責孩子這是不對的行為，更無須施以處罰，這會令孩子更加缺乏自信面對團體生活。

- 正確道別：

  (1) 跟孩子說「再見」：當父母要離開幼兒時，讓幼兒記得跟父母說再見，父母親也要記得在分開時與幼兒說再見。因為這對幼兒來說，是很重要的承諾，也是幼兒對家長產生信心的基石；即使幼兒已經處在焦慮的分離情緒中，父母也要記得跟幼兒說再見，因為這是家長和幼兒之間建立信心的好機會，千萬不要偷偷或強硬的與幼兒分開。

  (2) 陪伴時間：幼兒對陌生環境心生不安，而家長又必須和孩子分離時，最好給幼兒一點時間，家長先陪伴在孩子身邊，讓孩子慢慢熟悉環境後再離開園所，預先讓幼兒有心理準備。

(3) 果斷離去：在離開幼兒園時不要回望或再次道別，因為家長重複道別的舉動會讓孩子更加不安。

(4) 不多此一舉：家長和孩子道別時，不要刻意詢問孩子喜不喜歡上學？或者願不願意留在學校？這些問題會讓孩子感受到家長的擔心，進而不安。

(5) 避免悄悄離開：家長通常不想因孩子道別而大哭或拉拉扯扯，會趁孩子不注意時悄悄離開，這反而會讓孩子缺乏對父母的信任，日後再說服孩子上學會更不容易。

(6) 預告回來的時間：家長應該將自己時間的安排告訴幼兒，讓幼兒了解他們還會再回到幼兒的身邊。

開學時最大的挑戰是家長送幼兒到幼兒園，轉身離開前要如何跟幼兒道別？幫助幼兒理解跟家人只是暫時分開，讓幼兒知道等他在幼兒園玩一陣子之後，他就會被家人接回去，他並沒有被家人拋棄。

三、開學後

建議家長首先要與孩子建立良好的互動關係，親子之間有雙向溝通。

- 家長每天給孩子完整的一段時間，以誘導的方式讓孩子說出學校生活，以及他喜歡和不喜歡的地方，並給予支持及鼓勵。

- 家長多從孩子的角度看問題，當孩子在述說時，以微笑、點頭及眼神接觸表示你有仔細聆聽並願意相信他。

- 家長建立與校方及老師的溝通管道，針對教育的理念及方式完整溝通，讓孩子有標準可循。適當的準備及因應，有助於降低分離焦慮的發生機率，是改善幼兒分離焦慮的方法。

- 親子共讀：家長平時可和幼兒一起閱讀與分離焦慮或上學有關的繪本故事，讓幼兒在親子共讀且聆聽的過程中，增進幼兒自己獨立上

學的信心，增加對於分離焦慮的了解與處理概念。

開學後，家長安排時間與機會跟幼兒分享他在幼兒園適應的表現，肯定他的成長與進步，幼兒也能感受到自己「長大」的成就感。

四、親師共識

教師需要適時與家長們溝通提供安撫幼兒焦慮的建議與方法，讓他們能與孩子溝通，為孩子建立「幼兒園好好玩」的想法，也讓家長了解不要過度保護孩子，否則會讓孩子喪失自我成長的能力。親師合作共識下，家長較能幫助幼兒適應幼兒園，同時也能為孩子奠定上學的信心。

（一）教師做法

教師盡量以手機拍下幼兒在上課、遊戲、學習區操作時不哭的模樣，除讓家長放心，也藉此能和孩子互動，並讓家長稱讚孩子，建立孩子的信心與成就感。教師也可以集點鼓勵幼兒，並請家長共同鼓勵孩子每天都能集到點數。

教師對家長接送幼兒的時間要有共識，家長告知教師明確接送孩子的時間，以便教師可以告訴幼兒家長何時會來接他回家，如：「等你下午吃完點心的時候，媽媽就會來接你回家。」不準確說幾點來接孩子，可避免當家長未能按時來幼兒園接他時，不讓幼兒誤會是老師欺騙他。

教師對家長如實反映幼兒在幼兒園的情況，若在上學時幼兒分離焦慮又復發時，教師能懇切的告知家長這是正常現象，幼兒需要一段適應期，讓家長不必掛慮，並建議家長空出時間多多陪伴孩子，增加孩子的安全感，或是利用遊戲治療方式幫助幼兒克服分離焦慮。

若家長讓幼兒帶陪伴物或玩偶來幼兒園時，也要先告知，讓教師防範不必要的事件發生。例如被訪談的教師提及曾有幼兒帶小寵物來教室，當天造成班上其他幼兒的驚慌，也影響教師無法上課。

（二）家長遵守

- 家長必須耐住性子，以溫柔而堅定的態度陪孩子克服恐懼，責罵與過多的要求只會讓他們更不安、退步。
- 每天可與孩子聊學校發生什麼事。
- 要與孩子說實話，不可以說謊。
- 要堅定的與孩子說：「我現在要跟你說再見了。」
- 可讓孩子先從半日班適應，再慢慢的全日班。
- 讓孩子等待家長的時間愈短愈好。
- 接幼兒時，要熱情的對待孩子，例如擁抱，讓幼兒感受到安全感與歸屬感。

實例分享

　　林教師分享親師達成共識的成效的案例。她提到班上有一位幼兒，在她與家長合作下，看到孩子每天都會有一些的進步，哭泣的程度也有明顯的改善，從第四天開始，孩子早上上學時就不再哭泣，也會開心的跟媽媽說再見，幼兒放學後也會主動分享在學校所發生的事情，最後孩子會跟媽媽說：「媽媽，我要自己背書包，用走的，你不用抱我了。」

　　因為教師帶班多年，有豐富的經驗，可以將帶幼兒的經驗跟家長分享，讓家長知道如何幫助幼兒快樂上學校，也讓幼兒能獨立成長。

　　通過了分離焦慮的考驗，孩子的人生會走得更順暢、更加獨立、更能為自己負責。家長只需要適當處理和協助，扶孩子一把，但不是用全力支撐孩子生命的重量，這樣才能扮演好家長的角色！

＼ 陸、結論 ／

幼兒分離焦慮是幼兒園開學之際，全園及幼兒家長會面臨的問題，化解幼兒分離焦慮已成為幼兒園、教師、家長十分關注的問題。因為幼兒從未離開父母或主要照顧者，一旦踏入新的環境，會感到焦慮及害怕，而產生所謂的分離焦慮。目前，也有許多教育學者試著從幼兒園及家庭兩方面進行剖析，了解幼兒分離焦慮的現象，並探討克服幼兒分離焦慮的策略。

本書歸納資深教師經驗分享及建議，大致從兩方面著手，一方面改變幼兒依附的對象，例如轉變成在幼兒園依附教師、同班的小朋友或是玩具，化解幼兒的焦慮；另一方面以學習環境吸引幼兒，使幼兒不怕陌生的環境，覺得幼兒園是有趣好玩的地方。

因為幼兒的分離焦慮有個別差異性，家庭因素不能忽略，教師除了解幼兒的個性外，也要深入了解幼兒的生長背景，找出因應策略，化解幼兒的分離焦慮。每位幼兒的適應能力都不同，分離焦慮的情況也不一樣，教師要以專業的態度與能力找出因應策略並雙管齊下，由親師合作達成共識，幼兒園及家長都要全力以赴，幫助幼兒度過入學過程的考驗。

幼兒的分離焦慮若能及時處理，再加上家長的配合，對於幼兒的負面影響絕大部分都能夠消除，也能避免發展為教師對幼兒管與教的棘手問題，或直接形成班級經營失控的局面。教師幫助家長了解幼兒的分離焦慮，家長更能幫助孩子，擁有一個安全而溫暖的學習環境。

幼兒分離焦慮是必經的歷程，順利走過，幼兒就會更加獨立、學到為自己負責。教師眼看著孩子哭泣跌倒，能夠溫暖的關懷引導，也就是充分發揮了教育愛！

班級常規與紀律建立
之關鍵期

＼ 壹、前言 ／

　　「好的開始是成功的一半」這句話適用在幼兒園開學後兩個月的班級經營，因為這段時間是班級常規與紀律建立的關鍵期。當教師迎接新的班級或新生的到來，需要利用這段時間建立班級常規及幼兒的紀律，使班級事務與幼兒作息上軌道，班級方能順利運轉。班級常規的建立能幫助幼兒有規則可循、有安全感、動靜皆宜，師生默契建立，班級步調才能井然有序的邁進。例如，一早在幼兒園看到幼兒陸陸續續入園，接著一進教室，他們都知道進到教室要放書包、拿出水壺坐在自己的位子上喝水，主動跟老師打招呼，有秩序的排隊、吃飯、吃完飯擦桌子、搬椅子、睡覺、收拾教具、清理櫃子等，流程一點都不馬虎，動作迅速確實，因為幼兒知道自己什麼時候該做什麼事。

　　開學後二個月是班級常規與紀律建立的最佳時期，因為幼兒剛進幼兒園，會把在家裡的一些習慣帶到學校來，班規設立的目的在幫助幼兒融入學校的團體生活，能順應幼兒園的生活、遵守學校的規定。同時，讓幼兒自己明白不能像在家裡那麼隨意，如：不能偏食、不隨意打人、不大哭大叫、要勤洗手、會收拾整理玩具、會排隊、安靜上課等，幼兒需要學習每天在幼兒園該做哪些事。

　　有效的班級經營要有明確的班規及良好的紀律。班規在規範幼兒表

現正確行為，而班級紀律可檢驗班規是否落實？若班規不清不楚，幼兒就無所依循，不知該做什麼？班級欠缺紀律，進而班級就會混亂，幼兒更無法在幼兒園進行有效能的學習。因此在幼兒園開學之後，建立班規與紀律是班級經營首要工作。

＼ 貳、教師班級經營圖像 ／

班規與紀律的建立受到教師班級經營圖像（image）影響。班級經營圖像是教師對於班級管理的想像描繪出的景象，具體而言指教師對班級經營的理念、態度與執行策略，也是教師對於自己班級管理的想法與規劃。教師有什麼樣的班級經營圖像就會經營出什麼樣的班級，不同的班級經營圖像營造出不同的班級氣氛、不同的帶班風格，這些都會受到教師人格特質與帶班經驗而顯示出班級的特色，如果教師個人很重視幼兒的日常生活習慣，那就會往日常生活上的細節去規定。例如：關門時要輕輕關，在教室裡不能奔跑，玩具玩完要收；若教師重視品德教育，就會規定幼兒早上看到老師要說「早」，跟別人借東西要說「謝謝」，撞到人要說「對不起」等；有的教師喜歡班級的步調緊湊，事事有成；有的教師班級步調緩慢，凡事簡約；有的教師期待幼兒不浮躁，秩序良好，教學有成效，花費比較多的心力引導幼兒安靜學習；有的教師希望幼兒來幼兒園快樂學習，教室充滿笑聲，班規的制定以幼兒為主體，每一條規定都要與幼兒討論過後才確立執行；有的教師把幼兒應該遵守的規定逐條確立，讓幼兒快速融入新的環境等。每位教師班級經營圖像不同，引導出的班級規定與管理模式就有差異。也因此，即使同在一個幼兒園，雖然主要的課程模式都是以主題或者學習區為主，但因教師班級經營理念的不同，班級所呈現出來的帶班風格就有很大差異。

✦實例分享

　　A 班老師讓孩子們感受到老師和他們距離都很親近，老師只要用溫和堅定的方式，孩子就能改善不好的行為，此外，老師也會運用一些增強策略來塑造孩子的好行為，但所用的策略會盡量以一些社會性增強物來勉勵孩子，例如口頭讚美！老師也會用班級經營技巧來讓孩子專注，試著用一些遊戲的方式來聚集幼兒的注意力。

　　B 班老師建立班級紀律時，較會用命令的口吻警告孩子，會運用物質性增強策略建立幼兒合宜行為，例如用一些點數、小禮物來獎勵幼兒；也強調專注力的重要性，例如老師說：「注意」，孩子就要說「1、2」，當下就會停下手邊動作，將注意力放在老師身上；老師也會使用較多指令、提醒來督促孩子，如：「嘴巴拉鍊拉起來」、「大眼睛看這邊」及「愛的眼神不見了！」等。

　　可知，教師心中的班級圖像影響教師經營班級的模式，班級因教師經營的風格不同而形成不同的班級景象。

＼ 參、班規與紀律 ／

　　開學後二個月內教師需要與幼兒約法三章，訂定班級常規養成紀律。班級常規簡稱「班規」，班規的訂定在班級經營中是相當重要的一項工作，目的在建立班級紀律，而好的紀律在於班級要有一套好的班級常則。Evertson 與 Poole（2008）認為班級常規是教師對學生要求的行為標準或期望；教育雲線上教育百科指「班規」為：所謂「常規」，可說是學生在班級日常生活中講求秩序、依循一定步驟的行為之紀律，以維持教師教學與學生學習之流暢（教育雲，無日期）。班規的功能在規範幼兒約束自己的行為，以符合教師或學校對幼兒的期望：遵守班級的

規定，表現出合宜的行為；另一方面，班規是用來維持班級秩序，在培養班級成員守紀律的過程中，能養成自我約束並建立良好的習慣。

「紀律」在漢語詞典的解釋（漢語網，無日期），指一個組織為維護群體利益，並能順利運作形成的一套規則。規則中包含有對成員的期望及成員該遵守的規範。紀律得以被遵守就需要成員經過訓練後願意服從，而當成員違反或遵守時，也會有形式上的處罰或獎勵。成員遵守紀律最高境界是不需督促，自動自發的達成目標，也就是幼兒清楚知道，在一個班級中如何與教師學習、與同伴融洽相處，注意自身安全及在學校愉悅的生活。

幼兒年紀小自制力較差，常控制不住自己的行為，但他們不是故意要跟大人搗亂，而是在他們的世界裡有自己的需求和節奏，一旦他們的需求得不到滿足，就會用自己的方法與行為來要求大人滿足他們，這時，教師需要為幼兒定下規矩建立紀律。因而，教師要給予明確的規定，讓幼兒知道哪些行為被認可，哪些行為是不被認可或被禁止的，例如：教師會一再叮嚀溜滑梯時身體不可倒著溜下來等。

因此，班規是班級中成員遵守的規範（規矩、規則），用來自我約束的規定；幼兒在班級生活中應建立的規則，為教師所期望及幼兒知曉及遵守的表現。班規制定後每位幼兒都要能遵守，能清楚了解哪些事可以做，哪些事不可以做，哪些不能越過了警戒線。最理想的班規制定是由師生雙方共同參與並制定，再由教師悉心引導、徹底執行。當班級常規被遵守後，會形成一種默契，當默契養成後就會形成紀律。

肆、班級常規的內容

班級常規的內容可分為例行規定，以及因應臨時或突發事件而建立

的規定。

一、例行常規

例行常規指幼兒必須遵守，並適用於每位幼兒，這類規則需事先訂定，形成默契，最後養成習慣。如：幼兒知道在什麼時間該做什麼事，上課時就認真聽課；人際關係互動上，與人相處時的說話口氣、行為舉止都要合宜；日常生活習慣上，如：拖鞋要擺放整齊、在教室及走廊的合宜行走方式、上完廁所要洗手等。

例行常規規範的時間從早上進入幼兒園到放學離開幼兒園，對幼兒的規範如：一進教室先整理書包、先洗手再吃點心、飯後收拾餐具、飯後清潔、午休前後鋪好及收拾好棉被、放學整理書包等。例行常規內容一般有關幼兒禮儀、衛生習慣、環境整潔、個人安全及使用公共物品（谷瑞勉，1989，2020），再者，也應包括幼兒生活技能與紀律的養成，如：幼兒能自動自發、獨立自主。

（一）幼兒的禮儀

幼兒須建立的禮儀：有禮貌、尊重他人、尊敬師長、友愛同學。幼兒禮儀表現在：對師長的問候；對同學的幫助表示感謝；在教室裡輕聲說話、不插話、舉手發言，例如課堂發言須遵守發言規矩，發言前要先舉手等候。

1. 不插話

幼兒看見大人們在談話時，不可以沒禮貌的插話，要等大人說完話之後才可以說。

◀實例分享▶

　　戶外遊戲時間，正當綿羊班老師和另一位老師在說話時，有個綿羊班的幼兒走向該班老師，但他只是靜靜的站在老師旁邊看著老師對話，沒有打斷老師說話，也不會不耐煩，過了一會兒老師就終止對話，然後彎下腰問小男孩有什麼事？此時，他才開口慢慢說出他想說的事情。此例顯示這位幼兒很有禮貌的表現出不會插話，會等候大人說完話才說話。

2. 舉手發言

　　在尊重別人的禮儀中，最常發生的是幼兒欠缺耐性急於發言，或有些幼兒會因情緒太激動，在課堂上無法等候別人發言。訂定舉手才發言的規定時，教師最好在上課時先規定要發言需先舉手，等經過教師點名同意後才能發言，同時，讓幼兒知道並不是隨時舉手就能被點名說話。當在課堂中看見幼兒不遵守規定時，教師可以用拉緊嘴巴拉鍊的動作提醒幼兒，讓他們的情緒平緩下來，再告訴幼兒：「等一下你舉手，老師就會叫你。」若幼兒無視於教師的示警動作，又沒經過教師點名就自己說話，這時就要禁止幼兒發言，並回應幼兒：「請問老師剛才有叫你嗎？」讓幼兒了解上課發言不僅需要舉手，還須經過教師同意才能發言，藉此控制上課秩序，以免造成課堂上的混亂。

3. 輪流發言

　　在課堂上，教師需維持幼兒公平發言機會。當教師提問時幼兒們都想要舉手分享，但有些幼兒舉手尚未被點到，常會抗議說老師都不點他，這時教師要對幼兒們說：「這次沒有被點到的小朋友，下次會有機會被點到，而這次被點到的小朋友在下次活動被點到的機會就比較小，

這樣小朋友們都能夠輪流分享！」

因為輪流發言的機制，教師給幼兒公平發言的機會，也為幼兒立下課堂發言的規則，避免幼兒干擾他人發言的狀況發生。

（二）守秩序

班級紀律的建立，最基本的是幼兒要守秩序，有了秩序之後，班級的吵雜與紛爭減少，活動才得以順利進行。

實例分享

實例一

老師在上課時，為了讓幼兒能守秩序坐在自己的位置上等候學習，通常會以音樂來告訴幼兒需要集合或是注意，也會搭配樂器的使用或是以手指謠交替使用，讓幼兒可以一邊安靜下來一邊等候學習。表現好的幼兒，老師有獎勵制度，用好寶寶卡來鼓勵幼兒，對於比較不聽話的幼兒，老師通常不會先處罰，會先讓幼兒去坐想想椅，讓他們自己反省，如果真的屢勸不聽，老師才會採取相關措施，暫時停止他的活動。如此，教師的教學與幼兒的學習方能按部就班的進行。

實例二

準備上大肌肉時間時，孩子們上完廁所後，一如往常很興奮的在走廊上邊穿鞋邊聊天，因此老師請他們在 10 秒內穿完，並靠牆壁排隊，接著老師再次提醒因為同學太多，請拿了鞋子就到旁邊的墊子去穿，不要再聊天要趕快排隊。另外提出，剛剛老師檢查教室

時，看到有的幼兒沒有把椅子靠上，請他們重新回到教室把椅子整理好，也同時宣導其他同學如果以後看到有人沒把椅子靠上，可以提醒他，或者是順手幫忙同學靠上。

　　守秩序是不剝奪別人的權利，例如排隊就是其中之一，每天幼兒都會排隊參加大肌肉活動，上廁所要排隊、用餐盛飯時也要排隊，但孩子在排隊時最常犯的就是插隊，都為了搶第一而爭先恐後造成秩序大亂。老師一開始要告訴幼兒遵守排隊規則，若有人插隊，就立即請插隊的幼兒排到最後面或喪失機會。在排隊之前，老師要提醒幼兒注意事項，有助於幼兒守秩序。

　　因此，讓幼兒守秩序的大前提是教師事先要說明，而且給幼兒清楚的指令。

（三）安全與健康

　　安全與健康是幼教師班級常規首要之務。被訪談的幼教師說：「我們在校園中，每天最重要的事情就是確保每位幼兒的安全及健康，如果忽略了安全及健康的重要性，那一切的努力都會付諸流水！所以我們在上班的每分每秒都要眼觀四面、耳聽八方，密切注意每個幼兒的動向。」幼兒園中幼兒的安全與健康是一件大事，教師們隨時都要把關。

1. 衛生習慣

　　維護幼兒的健康就要從衛生習慣做起。生活上，養成幼兒上完廁所、戶外活動後、飯前都要洗手。但幼兒通常都不習慣或者未落實洗手的步驟，因此教師一開始要教導幼兒應該怎麼做，並宣導如果不洗手會有哪些事情發生，或是拿一些新聞時事警惕幼兒，之後要是還有孩子上完廁所不洗手，教師要再次教導孩子。

2. 保護身體

在安全方面，教師要告知幼兒，在遊樂場玩耍時如何跟同學維持安全距離，才不會在玩樂中造成同學和自己的碰撞導致跌倒受傷等；或者在操場跑步時若跑在前面的人突然停下來，快要撞到人時該如何從旁邊繞過去；或問幼兒：「在教室或走廊上用跑的會發生什麼事情？」並列舉出不安全的行為，囑咐幼兒遵守。另外，教導幼兒學習保護自己身體，不讓家人以外的人碰觸（如有特例，教師要警覺並通報）。

實例分享

在學習區時間，老師看到有一位小朋友想找同學一起玩，就摸同學身體、推她又摸她肚子，於是老師帶全班一起討論，問幼兒：「請問推人或摸人家這樣會發生什麼事？」有幼兒舉手說：「她被推會受傷，她會跌倒。」老師又說：「請問當你想跟小朋友玩的時候可以怎麼做？」並請剛剛被摸以及摸人的幼兒到前面，詢問被摸的幼兒當下的感覺，以及引導兩名幼兒做正確言語與行為的示範。老師說明每個人的身體都很重要，雖然是同學，但是當別人摸你的時候，你可以拒絕他，要跟他說：「不要摸我，我不喜歡你這樣做。」老師說：「身體是你自己的，別人都不應該對你亂摸。當你想要跟別人玩的時候，請你記得要用說的：請問我可以跟你玩嗎？」

另外，教師要強調「只有自己可以摸自己」：「只要摸你的人讓你覺得不舒服，你都要拒絕他、推開他，然後告訴大人或者老師。如果在洗澡的過程中萬一大人一直摸你，讓你覺得不舒服就要趕快離開，告訴另外一個大人，或者趕快告訴老師。」

　　上述實例中，教師從幼兒彼此間不當的觸碰行為事件，延伸說明到身體自主權的概念以及身體碰觸時應留意的自我保護方式，從淺顯易懂的提問慢慢逐步引導幼兒覺察被觸碰時的感受，以及與他人互動應有的正確方式，並以幼兒實際演練示範加深幼兒的印象，提醒幼兒可以拒絕他人的觸碰，讓幼兒可以從日常生活事件中學習與他人互動的正確方式，並延伸概念機會教育讓幼兒學會懂得保護自己的身體。

　　幼兒園教師每天最重要的事情就是確保每位幼兒的安全與健康，且要時時防範以免發生這類的問題。

（四）紀律建立

　　有紀律的班級，幼兒動靜皆宜。有的教師認為紀律是指幼兒能自律，幼兒要培養自我約束及自制的行為，以及自我負責的態度。

　　若幼兒沒有建立良好的學習習慣和生活常規，幼兒無法有效的學習，影響到教師帶班的挫敗感，進而失去對自己教學的信心，幼兒更無法適應幼兒園，因而產生一連串的問題行為。紀律的養成可隨著一天的作息而立下，幫助幼兒適應，讓幼兒在每一個時段知道該完成的事。幼兒園的班級規定舉例說明如下：

1. 日常約定

　　日常約定指幼兒上學的一天時間裡，必須完成或遵守的規定。

◀實例分享▶

(1) 八點前到校，將自己的物品放好，完成生活點滴紀錄後進行學習區活動。

(2) 每週二、五準時參與全園性晨光聯班活動，參與團體課程。

(3) 銜接課程活動前，完成喝水與如廁。

(4) 每天安排至少半小時以上的戶外大肌肉運動，鍛鍊幼兒身體。

(5) 午睡時間，自行完成鋪被子與收被子的工作。

(6) 點心午餐吃完後，自己完成漱口與刷牙，維持良好的衛生習慣。

(7) 每天兩位值日小班長，幫忙督導班上同學未做好或沒做到的事務，例如幫忙檢查學習區是否整理乾淨、檢視座位是否收拾清潔等。

2. 作息有序

　　紀律的形成是幼兒隨著每天的作息水到渠成建立的習慣，讓幼兒的班級步調順暢有序，而不必讓教師時時耳提面命。例如一所幼兒園中，每一位幼兒背書包進教室的第一件事情，就是先和班級教師及同學們道早安，接著整理書包，整理完後就會自主性的拿起日記畫冊，先畫寫好姓名和當天日期，並拿給教師檢查通過後，幼兒就去語文區選一本書來看。

　　當紀律建立就會形成默契，師生的互動不需要太多的嘮叨，幼兒就能做到。

實例分享

　　課堂上，當教師開口說：「開始上課囉！」幼兒會伸懶腰說：「我們起床了！」接下來他們就會坐好；當老師對幼兒說：「看誰的眼睛會發亮。」幼兒就會很努力地看著老師；當老師說：「功夫打坐。」幼兒便會說：「背挺直。」然後坐好。從幼兒的反應能夠顯示老師和孩子們之間的默契不錯。師生互動及幼兒學習反應上已達到相對的默契，老師的指令明確、清楚，幼兒能馬上接收老師給的訊息並立即行動。

3. 自我約束

因為幼兒容易衝動又好動，經常毫無顧慮的四處遊走，教師要教導幼兒學習自我控制、自我約束以確保他們的安全，例如在成人視野不及的校園角落不能去，容易摔倒受傷的地方要避免。

4. 自我負責

幼兒要學習對自己的行為負責，表達自己的意見，並學會尊重其他人。教師要求幼兒自己動手做自己的事，「負責」自己的事，才能養成獨立自主的精神。

◢實例分享

幼二班老師很重視孩子「負責」的態度，當孩子不小心撞到別人時，撞人的幼兒要負責安慰被撞的小朋友，看他有沒有受傷。班級常規方面，老師強調幼兒要有責任感，自己的東西要自己負責，吃飯時弄髒要自己負責把自己的區域打掃乾淨，很多事情都要孩子自己負起責任，老師不會幫他們做，但是會「等」他們。另外，常會有家長送小孩來時，嫌孩子的動作太慢，就先幫孩子做好一些事情，例如幫忙拿書包，老師認為這樣會讓孩子失去學習的機會，她會要求幼兒自己的事要自己負責。

教師看重幼兒在學校學習對自己的事情負責，幼兒做自己的主人，如此才能讓孩子學習到更多的生活技能，學會獨立自主。

二、臨時事件立規定

課堂上、課堂外，不確定性的因素很多，突發事件頻繁，當教師處理完事件之後，也須藉機立下規定避免日後再造成困擾，制定規則讓幼

兒警醒不再重犯。

實例分享

實例一

　　有小朋友在玩積木，另一個小朋友過來把它推倒了，玩的小朋友很生氣的向老師告狀，這時老師就問推倒積木的幼兒：「那該怎麼辦呢？是你要幫忙擺好呢？還是以後你不可以再玩積木？因為你破壞別人的作品。」接著老師帶大家討論：「若有小朋友正在堆積木，其他的人可以過來把它推倒嗎？可以破壞小朋友的創作嗎？對破壞的人要如何處罰？」有位小朋友建議讓破壞的人把這區亂放的積木全部整理好，櫃子擦乾淨，之後還要請老師檢查通過才可以離開。這事件的發生建立了積木區處理不當行為的規則。

實例二

　　幼兒進行學習區前，老師請大家集合在大樹下進行討論，老師提出了一個問題：有小朋友跟我說她在創作區的作品不見了，有人知道是什麼原因嗎？

　　其中有小朋友回應：「被拿走、沒有把作品放在保留區等。」老師接著說：「如果你很久沒有去創作區，可能作品就會被收起來了，要請小朋友在今天學習區時間結束前，有去過創作區的人要記得將作品貼上自己的姓名貼，不然就會被老師認為你不需要了，然後被收起來。」之後，有些小朋友在學習區開始後，便陸續到作品保留區，幫自己的作品貼上姓名貼，有些幼兒還找不到自己的姓名貼放在哪裡，老師就跟他說：「老師桌子旁邊掛著姓名貼，請你自

己找你的姓名貼。」然後，幼兒找到貼紙後將姓名貼貼在作品上，並掛在展示作品的地方。

這兩個實例說明，班級之前不曾發生過這類事件，在發生之後教師及時處理，建立班規，讓幼兒有規則可依循，並能遵守到底。班規若能真正落實，對於教師的教學以及幼兒的學習都會有莫大的幫助。

＼ 伍、班規的建立 ／

雖然班規的建立在開學後二個月是關鍵期，但教師不應急於一時把所有的班規快速訂定完成。班規會隨情境及對象而修正，因為沒有所謂完全準備好的班規，而只有適用的班規。開學二個月內訂下的班規主要在規範幼兒在學校的基本生活常規，即有關幼兒的禮儀、衛生、健康及安全等。另外，有些規定會因突發事件或隨著幼兒的成熟度增長，透過討論建構而成。

若由教師訂定班規，會因為教師所重視的行為、品格不同而有所不同。在制定班級常規前，教師會先了解幼兒有哪些需建立的習慣，或是希望幼兒能做得更好的地方，從這些方面來做考量再制定，當然，會在訂定之後觀察實施情形，再從中做修正；另外，也有因教師認為班規是班級中的所有人都要遵守，成員有權利知道哪些規定有利或不利，為了公平起見讓大家一起討論訂定。

● 一、班規的制定方式

班規的建立並非教師一人主導，筆者從訪問幾位教師得知，他們的班規都是經由教師和幼兒們共同討論才擬訂的，而不是用權威的方式決定，且需要慢慢與幼兒培養默契，最重要的是要澈底執行，如此一來

才能讓孩子遵守規定。教師和幼兒們共同討論生活規範，並訂出遵守方法，擬訂團體共同配合遵守的規範。在訂定班級公共事務後，實施時也可請服務小幫手共同分擔監督工作完成任務。教師可藉由日常生活中的一些事件，與幼兒共同討論什麼事可做、什麼事不可做、若違反要如何處理。教師可以開放式的方法去描述問題，引導小朋友該怎麼處理事情。

　　藉由討論，讓幼兒們自行想出處理方法，教師最後再從中去引導、制定出比較適合的規則。師生共同討論制定班規的方式，可分為全班討論及分組討論，分述如下：

（一）全班討論

　　一般而言，以全班討論的方式所建立的班規，都是日常例行應該遵守的，教師會帶領幼兒逐一討論，但主要目的是讓大家遵守。例如：

1. 早上到學校要跟老師、同學問早，如果在課堂搗蛋不乖時，要坐靜坐椅，不能下課。
2. 不可以在教室內外奔跑。
3. 吃點心時不說話。
4. 上課要專心。
5. 一起維護教室整潔。

　　當幼兒之間突然發生衝突時，教師也會與幼兒共同討論所發生的問題如何處理。例如：搶玩具，教師會請全班幼兒先靜坐，問其他小朋友遇到搶玩具的情形，該怎麼辦？讓幼兒們進行討論或是教師利用玩偶來演出搶玩具的情境，讓幼兒們想想該如何解決？教師在一旁當協助的角色。

　　教師與幼兒共同討論，除具有約束力外，讓幼兒親身體驗，加深他們的印象，知道事情的對錯而遵守規矩，利用機會教育更容易建立班

規。除全班一起討論建立班規外，還有以分組討論的方式建立班規。

（二）分組討論

　　教師認為班規建立不是老師一人說了算，而是班上幼兒們應該要遵守的約定需要大家一起想，教師尊重幼兒的意見，教師也可採分組的方式，集結大家在團討時間與小朋友一起討論作決定，方法如下：

1. 分小組：請小朋友四個（視班級人數而定）一組，一起討論「為什麼我們的班級需要班規」？
2. 列出規則：請小朋友說出什麼樣的教室規則是很重要的，鼓勵幼兒使用正向的語言，避免使用負面的用語，例如：「不要在教室跑來跑去」可以改為「我會在教室慢慢的走」，教師可幫忙記錄各組認為重要的班規。
3. 選出最好的規則：請各組選出六個認為最好的規則。
4. 團體投票選出班規：全班一起票選出幾個最適合目前班級需要的班規，並告知每一位小朋友班級的新規定是什麼，希望大家遵守。
5. 張貼班級規則：可以在教室打造一個空間或在布告欄把這些規則陳列出來；可以分小組進行，每個小組負責設計及張貼一個規則。教師以班級幼兒的認知理解力決定班規是用圖像或文字表達。另外，教師也可以把班規 Line 給班上每一位小朋友的家長，希望大家重視這件事，讓班上每一份子都能遵守大家的約定。

二、班規的制定原則

　　制定班規應注意哪些原則？制定班規之前，教師要先認知班規是為誰而立？是誰要遵守？立了之後是否能達成？執行班規時，教師還要考量對象的差異性。另外，張貼公告在教室是否能達到警告的效果，會受幼兒識字多少影響，需考量用圖示或是口說叮嚀？或者有其他的方式，

能發揮提醒、警告、說明的效果。

　　例如在設有學習區的班級裡，教師可事先製作小海報跟名牌，當幼兒早上來的時候，教師會先跟幼兒說：「如果你看到這個地方牌子掛滿了，就不能將你的牌子再掛上去，要去另外一個學習區玩，等到有空位時，才能把你的牌子掛上去。」像這樣清楚說明，孩子們就能遵守。

　　無論透過口說或是圖示等其他方式，班規訂定原則有下列幾點值得注意。

（一）明確、合理、具體

　　與學生約法三章，具體告知幼兒禁止的行為，像是帶幼兒到溜滑梯，當場示範不可以從出口處爬上去；或者示範錯誤方式，讓幼兒辨別此行為是對是錯，以留下深刻印象。

　　班規的內容要具體，清楚告知幼兒必須遵守的規範。尤其對幼兒安全及健康而訂的規矩，最好使用簡短且正向的語詞將規矩說明清楚，不要多講無關的話，說話時強調關鍵字詞，例如說到關鍵字詞時可以加重音，語調要有抑揚頓挫，讓幼兒更清楚聽到教師現在要表達的重點是什麼。

　　因此，班規的制定不必訂太多規則，只須把焦點集中在重要的事上，例如，有的教師訂出規範三要素：不傷害自己、不傷害他人、不傷害物品。另外，也要嚴禁幼兒將餐袋帶子套在自己的脖子上，或將棉被袋套在自己的頭上。

　　當孩子想做的事會傷害別人，例如吵鬧、罵人或打人；或全班在遊樂場玩時，有了衝突出現火爆攻擊行為則是不被接受的，因為絕不可危及他人的健康及安全。當孩子想做的事會傷害物品，例如亂丟玩具或拿蠟筆在牆上塗畫，教師就應該清楚堅定的說「不」，並加以禁止。

　　明確的規定可讓孩子有適當的行為，且有助解決問題。

（二）能執行

班規制定出來後，最重要的就是要能執行，教師可以利用團討時間，請每位幼兒說說自己遵守的情況，適時鼓勵孩子欣賞自己努力的成果。一段時間後，待所有幼兒都可以遵守所擬訂的班級規則時，教師可以在團討時間與幼兒們再共同擬訂新的班級規則。每次訂定的班規數目不宜太多，要先讓幼兒練習，能確實遵守之後再逐漸增加。但遇到緊急突發狀況如有關幼兒安全與健康問題，就要特別要求遵行。例如，當家長給幼兒帶藥需按時服用時，就要求幼兒一到教室就要告訴老師，並把藥拿給老師。

班規的制定不容忽視要能有效執行，也就是給幼兒明確做的方法。教師要明確說明如何做的流程，以及做的方法。

＼ 陸、班規執行策略 ／

班規要能有效的被執行，在於教師的執行策略。執行策略涉及教師抱持何種態度，以及採用何種策略實施班規。

●一、態度

班級規定要能有效實施，教師的態度很重要，要溫和而堅定，訂下規定後要耐心等候幼兒的回應，例如幼兒是否願意遵守。

（一）溫和而堅定

班規的設立是讓幼兒變得愈來愈好，而不是以處罰為目的。當幼兒違反班規被處罰之後，要跟他們說明白被處罰及責備的原因，並讓幼兒知道即使他們犯錯了，老師還是很關心他們；當他們犯錯被責罰，不是

因為老師不喜歡他們，而是每個幼兒都應遵守班規，一旦違背了就要接受處罰。在遵守班規上，教師要保持正向的態度引導與鼓勵孩子，讓孩子能從中建立自信心。

實例分享

　　在建立紀律維持秩序上，老師也要持守規定到底，例如在班級裡老師不會大聲喊幼兒，而是會走到身旁叫他的名字，引起他注意再提醒他該做什麼事。集合時，老師也不會一直大聲喊叫集合了，只會說一次集合，提醒大家過來排隊，再過一會兒便會開始倒數10、9、8……當幼兒聽見倒數，便會加快速度集合，這個方法可以讓班級集合速度很快，又能讓幼兒集中注意力聽老師的口令。在幼兒園整理隊伍時，老師常用的口令是「立立立」，幼兒則喊「正正正」，比較搗蛋及需要特別照顧的幼兒，老師會將他們排在最靠近老師身邊之處。

（二）耐心等候

　　教師在維持班級的秩序與常規上要花許多心力，必須要非常有耐心，能及時發現孩子的情況，並循序漸進的引導。

實例分享

　　建立自主行為要循序漸進，例如常見的幼兒偏食，老師要有耐心的等候幼兒改掉這些習性。早晨幼兒到校之後，會陸續開始吃早上的點心，某天的點心是鳳梨雞湯麵線，很多幼兒並不喜歡吃鳳梨，所以在盛的時候就跟老師說他不要鳳梨，這時老師也不會強迫幼兒吃，而是說：「吃一小塊看看可以嗎？」用這種循序漸進的方

式讓幼兒接受。此外，也要看幼兒當日的身體狀況來調整給幼兒點心的分量。

（三）堅持到底

教師在上課之前提醒幼兒之前訂定的秩序規則，並且告訴小朋友們，如違反規則，教師會請他到旁邊冷靜就無法參與活動。

實例分享

實例一

八點到九點孩子吃完早餐，老師和孩子進行猜拳遊戲，猜贏老師可以玩玩具，猜輸的人就乖乖看圖書。大多數的孩子都很遵守與老師的約定，少部分的孩子就有點不服輸，很想玩玩具，柏軍（化名）就是其中的一個。結果他就一直站在老師身旁不肯離去，一心想要玩玩具，老師跟他說明訂了規則就要遵守，其他輸的人都乖乖坐著看書，書也很好看，結果柏軍還是聽不進去，一直站著。教師一直堅持不讓步，是要讓孩子服從團體規範，適應團體秩序。

實例二

午餐時間有一位幼兒將不喜歡的蔬菜放在蓋子上，後來趁著老師忙碌，將蔬菜直接倒入垃圾桶。起初筆者以為這是班級的常態，所以也沒有出言制止，直到有幼兒端著不喜歡的食物走向老師，老師引導著：「那我們練習吃一口、兩口。」筆者才知道剛剛那位幼兒的錯誤，於是將此狀況轉告給老師知道。老師知道後叫該生過去，詢問是否有先問過老師才倒掉，而該幼兒回答：「對，有問過

老師。」老師便詢問,是問哪一位老師?當幼兒說不出來支支吾吾時,老師溫柔的告訴幼兒:「我們要一起練習,再拿碗過來吧!」老師這時候沒有太去責怪孩子說謊、做錯,而是幫忙改正不好的習慣。

■二、執行

　　班級經營建立班規與紀律,在執行時教師最常運用的是以獎賞肯定孩子遵守班規的良好行為,並鼓勵幼兒持續維持好的行為;懲罰是為了制止幼兒發生不符合期望的行為。實施獎懲時要賞罰分明,避免使獎勵淪為賄賂,讓幼兒學習「正確」的行為會被獎勵,當規矩被破壞時要接受處罰;對於幼兒違規時需立即回應,改正幼兒不當行為時可以委婉規勸,並考量幼兒的成熟度、個別差異實施班規,不同年齡的幼兒給予不同的約束方式。

(一)獎懲分明

1. 獎勵

　　教師在班級經營中,當遇到不願配合團體活動的幼兒,可使用外在獎賞作為增強物,使幼兒配合班級運作以達到效果,不是只顧活動進行而忽略幼兒。教師應使用技巧使幼兒加入團體中,促進師生互動。

　　獎勵的方式有很多種:例如教師拿一個本子(愛的存款),當孩子有做到時,就給予一個章,集滿十個就給一個獎勵卡或是貼紙;教師製作一個「猴子爬樹」海報,將孩子的名字寫在上面,表現良好時就蓋一個章,向猴子一樣的方式往上爬;如果當天表現特別優秀的孩子,教師可以做一個好寶寶彩帶,在放學之前親手為他掛上,表示榮譽寶寶。

　　讚美是一種社會性正增強,可以用口頭的方式鼓勵遵守班規的幼兒,例如教師在全班孩子的面前誇讚幼兒,讓幼兒覺得自己做得很好。

相反的，若表現不好的即給予負增強，教師就會請幼兒幫忙打掃，或是拿那位幼兒最不喜歡的事來處罰他，但事後還是要給予正面的輔導。

其他的獎勵方式，例如希望一週中的某一天幼兒要穿幼兒園圍兜到學校，但班上仍會有幾個幼兒會忘記，教師可以跟大家說如果下次全班都有穿就會給獎勵，這也是一種鼓勵全班幼兒能達成期望的獎勵方式。

當孩子逐漸進入狀況，教師就可以慢慢減少這些正增強的方式，因為當幼兒養成習慣以後就可以視情況修正，要讓孩子認識「正確」的行為養成是一種責任。

另外，當孩子做了不錯的事情或工作做得很好時，應該要讓幼兒了解，對於他們自己做的事情應該感覺自己很棒，而不是依賴大人的嘉獎。最後，在提供獎勵時，注意避免變相淪為賄賂，因為賄賂會變成是孩子在掌控情勢，而獎勵才是教師掌控主權。

2. 懲罰

當幼兒不能遵守規定時，懲罰的運用是為建立正確行為的手段。實施懲罰時絕不能傷害到幼兒的心，懲罰必須具有使幼兒「好起來」的特質，目標應是彌補錯誤、修正行為，比如東西砸壞了，那麼，修理東西就是方法。如果孩子跟同學起了衝突，那麼一定要幫助他看到自己的錯，然後尋求補救，也許需要向對方道歉，也許需要安慰對方，也許雙方都需要道歉與安慰。

懲罰的使用時機在於獎勵效果不彰之時。懲罰在幫助幼兒完成任務、遵守規定。例如午餐時間，有些幼兒會吃得比較慢，所以教師在幼兒吃飯前先問幼兒決定吃到什麼時候，以及時間到了沒吃完時要接受扣多少點數做為懲罰，如扣點數 100 點、50 點等。當幼兒決定且答應教師後，教師就會讓幼兒慢慢吃，並且觀察他的吃飯速度及時間，當時間快到時會提醒幼兒，時間到時會請幼兒加快速度，也會扣除幼兒的點

數，並請幼兒到身邊吃飯。

　　懲罰前先告知幼兒。例如孩子們常常到戶外玩的時候都會忘我，休息時間讓他們出去玩十分鐘，有些比較瘋狂的孩子就會用衝的，教師一開始會請孩子回到教室重新走一遍，但之後如果孩子還是以這樣的方式，教師就會找時間跟全班的幼兒說，如果下次有人再犯，就會喪失出去玩的機會，或是要被懲罰，或是到學習區休息。

　　執行班規建立紀律時，獎懲辦法的制定是不可缺的。教師使用獎懲時需公正公平、態度堅定，對於好的行為要及時回饋，給予讚美或增強物，反之也必須適當的處分給予孩子警惕，完善的獎懲制度才能落實在班級中。

（二）立即回應

　　對於幼兒的違規行為，老師要立即作出反應，讓幼兒知道自己犯錯。例如，教師上課時會規定孩子們要發言需先舉手且經過教師同意後才能發言，並不是舉手就能說話，不然每個人只要舉手就都能說話了。因此，如發現有孩子沒被教師點到就自己說話，教師要問幼兒：「請問我有叫你嗎？」提醒幼兒上課發言需要舉手且經過教師同意才行，藉以控制上課秩序。當孩子上課太過興奮時，教師要說：「太吵了，我要先停在這。」等孩子們漸漸意識到該安靜了，再繼續上課。如果只是幼兒個人在上課時段犯錯，教師可利用扣點數的方式來警惕孩子。

（三）示範練習

1. 親自示範

　　教師為幫助幼兒遵守規定，在制定這些規則時，要實際帶小朋友做一次，像是帶著幼兒實際去輕輕的把門關上；教師先示範後，再讓幼兒

去做。例如午休結束起床，幼兒們必須自己收拾自己的被子、枕頭放到被袋裡面，大部分的幼兒會先摺好被子，再放進去被袋裡，少數的幼兒做不到時，老師親自示範如何摺被子及放入被袋裡。

　　教師在教導孩子們養成吃飽飯要擦地時，先拿一盆水和抹布，示範給幼兒看，怎麼扭乾抹布、怎麼擦地，久而久之，有時根本不用教師說，幼兒就會主動擦地甚至還會搶著要拖地，或者會主動幫小班的小朋友擦地。

2. 教導建立

　　幼兒習慣的養成需要由教師說明、示範之後，讓幼兒練習，透過教導後較容易建立習慣。

實例分享

　　教師設計活動教幼兒如何洗手，先以故事帶幼兒重視洗手的重要性，再教洗手五步驟讓幼兒練習，實例教學如下：

(1) 教師說：「今天老師要講一個公主不洗手的故事，讓大家一起來看看公主發生了什麼事情吧？」

(2) 這個故事告訴大家：「原來不洗手這麼可怕，所以小朋友要記得常洗手！」再問：「有沒有人知道怎麼洗手？」接著教五個洗手步驟——濕、搓、沖、捧、擦。一邊講五步驟，一邊示範給幼兒看。

(3) 示範完後，問幼兒都記得五個步驟了嗎？也請幼兒跟著老師一起做，做完幾次後，再邀請幾個幼兒一同示範正確的洗手方式。

(4) 為了要讓幼兒記住洗手五步驟，老師教唱一首歌，幫助幼兒記住！老師先唱一次，再請幼兒跟著唱。

(5) 再次與幼兒複習洗手五步驟的動作，並問幼兒除了吃東西前要
　　洗手，還有什麼時候需要洗手？（上廁所、玩遊戲後，吃東西
　　前、摸小嬰兒前、擤鼻涕後），要強調洗手是為了保護自己的
　　身體，不把細菌吃進去肚子裡。

　　教導洗手之後，幼兒會邊唱洗手歌，並熟悉洗手五步驟；去廁
所時，幼兒會一邊洗手一邊唱洗手歌，也會看同學有沒有按照步驟
洗手，互相提醒。

（四）間接委婉

　　為了讓幼兒能自動自發的約束自己，遇到自尊心很強的幼兒時，教
師不必直接指出幼兒不當的舉止，而以間接委婉的方式告知，幼兒反而
更能有好的行為表現。

實例分享

　　剛開學時幼兒分離焦慮會哭鬧，老師想抑制小朋友一直哭，就
在團討時問大家怎麼辦？幼兒們也紛紛開始說自己來上學都沒有哭
等等。這時就有一位小孩指著另一位幼兒說：「某某某你明明剛
來上學的時候都一直哭！」這時這位被指責的幼兒就哭了起來跑向
老師，老師先是抱抱他然後跟他說：「對啊～你剛來的時候確實有
哭，但現在都不會哭了，對不對？」孩子聽了，眼淚就沒有再掉下
來了。從這件事也發現，幼兒們的自尊心是很強的，但老師安慰的
方式沒有因為要讓他馬上不哭而說：「你剛來的時候沒有哭。」反
而是讓幼兒承認自己的行為及調適自己的想法。

　　另外，老師也利用童話故事的人物來鼓勵幼兒學習好的行為，
例如：一位老師利用大部分幼兒喜歡公主，在走路的時候會提醒小

朋友們，公主走路是安靜且不會用跑的，小女生的反應是安靜且以
良好的姿態走路；小男生則是以騎士作為比擬，騎士是很勇敢的吃
光蔬菜才能去打倒壞人！小朋友們很認真地吃完碗裡面不喜歡的蔬
菜。

（五）因人適用

　　為了班規能被確實遵守，教師要視孩童的成熟度適時進行調整，即
依照年齡不同，實施方式也應有差異。訪談現場實務教師，如何依不同
年齡的幼兒要求遵守班規？教師們分享如下：

1. 大班

　　大班的幼兒成熟度夠，有能力判斷是非對錯，基本上是透過全班討
論訂定紀律，例如幼兒分享當遇到了某些狀況發生，該如何解決？然後
依幼兒的分享及討論，訂下班規。

　　訪談教師分享：一般來說，班級規約會跟幼兒一起討論內容，規約
的內容也可以隨時更改。實施的方式是每個孩子在每個禮拜會有一張屬
於自己的公約，在這一個禮拜內幼兒需自己評量，要誠實看看自己是否
有遵守，一個禮拜後幼兒和教師會一起溝通，適當的做些改變。在這樣
的過程中讓幼兒們學會自我約束、學會要對自己的行為負責、學會解決
問題的。教師也會看看班上最近有沒有什麼需要改進的，再針對全班來
訂公約，如：排隊等。

2. 中班

　　中班時期不像大班那麼成熟能判斷，但也不像小班不懂得表達自己
的想法。在中班訂班級常規，思及到中班幼兒表達能力變好，可以開始
從別人角度看事情，但他們沒辦法了解每個人的想法是不一樣的，事情

可能只會看到表面。在此舉一個實例分享：兩位中班的男孩正模仿卡通裡的打鬥，所以玩得很激烈，第三個幼兒經過看到他們，卻覺得其中一位幼兒打另外一位幼兒，於是向老師告狀。老師把小朋友都叫來，了解真相後，要引導第三位幼兒去判斷是不是真的在欺負人？還是在玩？但同時也要向幼兒們說明玩打鬥遊戲並不合宜的原因，因為有時控制不了太激烈會傷到人，是很危險的事情。

在實施賞罰時，中班比較屬於似懂非懂的時期，所以需要獎賞制度分明，通常會以獎勵卡來引導小朋友，用正向的鼓勵來引導，例如：小朋友說：「今天我有乖乖的去語文區讀書，還和小朋友一起分享我的玩具。」這時，教師就會給予貼紙獎勵幼兒。

3. 中大混齡班

在中大混齡班（中大班）制定班規時，教師會將常犯的錯誤列在白板上，與幼兒們進行討論及想辦法解決，藉此重建共同遵守班規的認知，如：舉手發言、輪流、等待、分享等。

教師會用開學時間與幼兒一同討論公約內容，因為中大班的幼兒比較了解什麼事情是對的、什麼是錯的，所以教師會先讓他們自己說，需要的時候會提醒、引導，也需要給予適當的鼓勵，讓他們做得更好。對於比較皮的孩子，教師也會處罰他們去坐想想椅，在想想椅上面閱讀故事書，中班可以學習看插圖、圖畫，大班則可以練習拼音；或當幼兒犯錯就先休息，剝奪玩學習區的時間，拿著計時器休息五分鐘；教師也可讓中大班孩子自己畫下做錯什麼事情，畫完來找教師寫在圖畫紙上，回家給家長簽名，讓家長知道他今天上課太愛講話或者插嘴被教師提醒很多次，所以需要畫反省圖畫來學會靜下心緩和情緒並好好反省。

4. 大中小混齡班

考慮大中小不同年齡，所以會有個別要求如大的規範和小的規範，

依個別的學生作個別要求。大的規範指有關幼兒的安全、生活自理、禮儀方面等會要求遵守，小的規範就是中大班的幼兒要會回家跟家長說老師吩咐的事情，如週一晨檢沒剪指甲，要自己回家跟家長說：「請幫我剪指甲。」或者忘記帶手帕就回家自己準備，不用請家長代勞等。

5. 小班

　　就小班而言，遵守班規這個概念是很模糊的，所以班級常規是慢慢建立的，也很有彈性。教師會依照幼兒在園所發生的事件慢慢帶入，不會一下子就告訴幼兒不可以做哪些事或給他們很多條例，而是與幼兒一起討論，以直接口述的方式並依照幼兒的狀況去增加其規則。

　　班規的制定要有優先次序，教師認為首先要讓他們有安全感，即是對環境的安全歸屬，之後的班級紀律先從日常生活中開始，例如：當爸爸媽媽送你來學校記得說再見，自己拿書包進來放好，不需要爸爸媽媽的幫忙；刷牙、丟垃圾、上廁所完要記得洗手，從基本生活習慣開始養成。還要聽得懂指令，當老師在上課時不能聊天，要說話時請舉手，看到同學要互相打招呼；常說：「請、謝謝、對不起等」。另外，不懂得分享是小班最常見的問題，所以先讓他們建立起輪流與等待的好習慣，建立時要以實際的帶領操作效果較佳，如：排隊需整齊，不可插隊。

　　一般而言，小班的孩子比較需要教師的引導和示範，以及給予明確的規定。因為小班幼兒比較沒有自制能力，因此由教師自行訂定規矩，但是需要說明清楚。中班與大班以討論的方式訂定常規，讓孩子遵守「自己訂的規定」，學習對自己負責。尤其在師生互相討論上，會由大班幼兒討論及決定，小班則直接告知居多。

　　班級常規的內容包括例行性的常規，也有遇到臨時發生或突發事件再加以訂定或修改。有效能的班級常規經營者會把規則與程序加以合成

一套可運作的機制，並仔細教給學生。每項規則與步驟都向學生仔細解說，班級裡有明確的班級常規用以約束幼兒，並讓幼兒有更多的時間練習，讓幼兒熟悉與演練這些流程及系統，形成紀律。

\ 柒、結論 /

　　班規訂定的目的在於建立幼兒符合教師及幼兒園所期望的行為；班級紀律是幼兒遵守班規，表現在班級的一種規律的舉止，具有「表現正當行為的責任感」。教師引導幼兒達成教師的期望，經由練習之後，幼兒將班級常規內化為自己生活的一部分，當他們內化成自己的習慣或者想法時，若看見其他小朋友犯錯，反而會主動幫教師糾正那些犯規的小朋友。

　　制定班規並非教師一人主導，從訪談中得知班規都是經由教師和幼兒經過共同討論才擬訂的，而不是用權威來決定，且需要慢慢的與幼兒培養默契，最重要的是要澈底執行。在班規的執行上，獎懲辦法的應用也是不可或缺的，當幼兒表現出良好行為時，教師應及時給予讚美或增強物，反之，教師也對不遵守班規幼兒適當的處分給予警惕。有完善的獎懲制度，幼兒才能遵守班規建立紀律並落實在生活中。班規由師生共同討論建立，讓幼兒在班級中有一套可遵循的標準，表現出知行合一的合宜行為模式，幼兒知道自己應該如何作為，也知道別人對自己行為的期望及對自己的行為負責。

　　班規的制定是由教師與幼兒一起討論出來，不是一成不變的，而是會慢慢修正，遇到違規事件發生再加上去；一開始訂定大家遵守的生活常規，再針對特殊事件制定特別的規定。在執行班規上要常常給予孩子重複練習的機會，減少日後犯錯的次數，也不會一開始就用嚴厲的方式，但錯誤的行為發生會立即糾正。由於每位幼兒進入幼兒園之後，循

例會依年齡抽籤的順序，分配至不同班級，執行班規時教師宜考量幼兒的成熟度，給予不同方式的約定與實施方式。因此，班規的制定與運作順暢是開學後班級經營的主要課題，為使班級教與學順暢進行，建立良好的師生互動關係，營造溫馨理想的班級組織氣氛，維持適切的班級團體秩序，班規與紀律務必建立。

參考書目 ✏

谷瑞勉（1989）。幼稚園班級經營：一個大班的觀察報告。**屏東初等教育研究，1**，311-346。

谷瑞勉（2020）。**幼兒園班級經營：反省性教師的思考與行動**（第三版六刷）。心理。

教育雲（無日期）。**班規**。2023 年 9 月 25 日，取自教育百科 https://pedia.cloud.edu.tw/Entry/WikiContent?title=班規&search=班規

漢語網（無日期）。**紀律**。2023 年 9 月 25 日，取自漢語詞典 https://www.chinesewords.org/dict/239497-246.html

Evertson, C. M., & Poole, I. (2008). Proactive classroom management. In T. Good (Ed.), *21st century education: A reference handbook* (pp. 1-131, 1-140). Sage.

規劃合宜不侵犯之空間

＼ 壹、前言 ／

　　《荀子・勸學篇》：「蓬生麻中，不扶而直」，是指蓬草本身無法挺直，但長在麻叢中不用扶持，就自然挺直了！比喻個體若生活在好的環境能茁壯成長，說明外界環境對個人成長的重要。幼兒園內空間規劃與環境佈置關係到幼兒的身心健康、安全、發展與學習（湯志民，2001），也影響教師的班級經營。班級經營是依著教師的理想圖像而運作，規劃合宜的空間及佈置學習環境與班級經營息息相關，因為教室是幼兒活動與學習的空間，幼兒本是好動的個體，當空間錯置，幼兒的行動處處碰壁伸展不開，不合宜的行為就蔓延開來；又如幼兒座位太擁擠，無意間身體的碰觸引發衝突，告狀聲及喧鬧聲會跟著響起，接著班級秩序會失控。因此，教室空間規劃影響著班級經營。教室空間規劃與環境佈置是教師個人化決策的展現，也是教師經營班級理念的具體表現。生態學家 Bronfenbrenner（1979）指出環境的品質會對行為產生影響，其中空間安排尤為重要。教師對幼兒的期望展現在教室空間規劃與環境佈置，深深影響到幼兒學習與發展。因此，教師需要主動積極的創造良好環境促進幼兒學習。以下實例說明教師重新規劃教室空間佈置環境，帶來班級經營的良好效果。

實例分享

　　張老師剛任職一家幼兒園，幼兒園標榜從事學習區教學。開學前一天，被園長帶到自己的教室，看見不到幾坪的長方形教室塞了幾個大置物櫃，再加上 25 張桌椅擠滿教室。張老師一邊打掃教室，一邊移動桌椅，心想明天一開學，幼兒進到教室恐怕會動彈不得。於是張老師把置物櫃推到靠牆的兩邊，並且盡量不擋住窗戶的光線。等第一天開學了，25 位幼兒陸陸續續地進入班級，不一會兒幼兒把教室塞滿了，同時也添加許多哭鬧的聲音，張老師當下真是手足無措，不知如何是好。緊接著張老師請另一位搭班老師安撫幼兒，並應付一些突發事件，接下來漫長的一天不知道如何度過。等幼兒回家了，張老師跟班級夥伴商量，是不是把教室稍作一下改變，不要讓大家擠在教室裡。夥伴深有同感，兩人先對教室做小幅度的改變，也配合課程作一些更動。先把圖書櫃放在安靜的角落區域，放幾張桌椅在牆角，供幼兒看繪本；若幼兒美勞活動時，讓他們在大桌子上面畫圖和操作。過了幾天她跟幼兒園園長要一些移動式的小木櫃，再依課程內容添增不少教材，並設置學習區。由於教室空間有限，如需要幼兒肢體活動時，就安排在室外。在室內的活動，座位先調整，並跟幼兒約法三章，要守秩序不干擾別人，安靜的進入學習區學習。幾天下來孩子因為教室的改變，喜歡待在學習區獨自學習，爭吵聲音漸漸減少，而幼兒的學習也步入正軌。張老師深深覺得環境真是一個潛在影響學習的因素，規劃合宜的空間可以引導幼兒安靜學習以及發展自我，同時也能化解班級的爭吵。

　　上述的例子說明教師如何改變教室。張老師先從學習環境著手，改善幼兒的活動空間，進而解決幼兒不必要的爭吵，也讓幼兒跨出學習的

步伐，由此可知教室空間的佈置與規劃直接影響到班級經營。以下說明規劃合宜教室空間與班級經營的關聯性。

＼ 貳、規劃合宜空間的原則 ／

教師一向看待自己的班級就像自己的家一般，期望能營造一間溫馨舒適、宜教又宜學的地方，讓教室裡裝滿愛，成為可以放鬆、談心、創作、探索及動動腦的區域，也能讓一群孩子在安逸、舒適、溫暖、愉悅的空間裡一起成長。因此，規劃合宜的教室空間與佈置學習環境牽動著教師的心思，這些關係著教師班級經營的理念，即教師如何規劃教室空間，及如何佈置教室的學習區。

教室空間規劃涵蓋有地面空間和桌椅位置、個人物品及材料存放、學習區或角落的設計、戶外空間安排，以及創造教室活動的空間，這些都是包含在教室空間規劃的範疇。

● 一、教室空間規劃理念

教室空間的規劃是教師班級經營個人化的展現。本書在第四章提到教室班級經營依照教師個人理念與圖像而具有不同的班風。教室空間的規劃更能凸顯教師的風格，例如一進教室能感受到教師的用心，教室呈現整體明亮乾淨整齊，規劃出不同的學習區，教師有效的利用空間，依幼兒學習興趣設立不同的學習空間。環境佈置最重要的就是細心、貼心，教師要了解幼兒所需要的是什麼？思考幼兒的年齡、性別、學習方式、特殊個案先作佈置，之後與幼兒討論再作修正，直到規劃出適合小朋友的環境，教室的佈置也能展現獨特性！

二、教室環境的佈置

教室整體的環境佈置簡潔、整齊，一眼所見呈現溫馨明亮乾淨，視覺佳。而空間安排動線流暢，幼兒自由走動或從一個定點到另一個定點時，不需繞道而行產生不便，同時也不會干擾幼兒間活動進行，或造成人際衝突、意外事件發生。

（一）視覺佳

幼兒園的環境不僅帶給幼兒視覺感受，而且潛移默化地影響著孩子的身心成長。教室佈置讓人感受到教師的用心，教室整體顯得明亮乾淨整齊，在色調、圖片張貼、掛飾，經過整體視覺安排，不會顯得雜亂無章或過於單調，而色彩的運用能啟發幼兒豐富的想像力和創造力，使教室空間呈現整體美感與和諧。

（二）明亮溫馨

教室地板是木片材質，教室採光足，以自然採光設計；照明設施充足，並能隨作息或活動之轉換做適度的調整，如：午休時可拉上窗簾；照明設施使用燈罩，避免刺眼。

色彩的運用是美感陶冶的重要因素。佈置教室的色彩不可太多，且要講究色彩之間的協和性，更重要的是暖色系的比重（如紅色）不可占太多，可避免幼兒進到教室產生躁動不安。幼兒喜歡明亮多彩的顏色，佈置教室注意視覺效果，如牆壁壁紙或油漆使用明亮且柔和的色彩（淡綠、粉紅色、鵝黃色），能製造安詳且溫暖的氣氛。強烈色彩令人興奮、情緒亢進，而柔和的顏色帶來輕鬆愉悅，給幼兒知覺平靜與安穩的學習。

（三）空氣流通、溫度適宜

注意溫度與空氣品質，經常讓教室內的空氣充分對流，沒有異味、悶熱或陰濕的感覺。教室溫度可隨作息或活動之轉換，做適度的調整以維持恆溫狀態，不會有悶熱或寒冷的感覺。

（四）安全環境

教室環境規劃及空間設計也包含擺放的各種設施、器材及其相關的材質、放置位置與使用方式，顧及幼兒安全問題，教師必須詳細說明注意事項。

因此，教室適當控制採光、溫度、整潔、空氣品質、噪音隔絕，營造讓人感覺安心、舒適與愉悅的教室空間。

＼ 參、教室的空間規劃 ／

教室空間依使用目的作規劃，可分為幼兒集體活動公共區域的大空間、自主學習區以及個人的座位。

一、公共區域

公共區域指教室成員共同使用的空間，包括儲放區、展示區及公告區等。

（一）儲放區

儲放區有私人置物櫃、鞋櫃及幼兒儲放物品的地方。對於放置的物品作有系統的組織與分類，分門別類放置適當地點，用圖片或照片標示

讓幼兒能一目了然知道物品歸向何處。經標示清楚後，教師逐步示範給幼兒看，讓幼兒將物品放在固定的位置，如抹布放在室外的架子、垃圾丟在分類箱等。放書包的櫃子上都有貼幼兒的姓名，以免幼兒放錯或拿錯，若櫃子上面是放水壺的地方，可以貼上幼兒的座號，讓幼兒認得自己的座號；儲放區的設置是為了使教室裡沒有任何的雜物。

（二）展示區

培養幼兒創造力需要給予信心的支持，教室佈置應留給幼兒創作練習與展示成果的空間。因此教室中必須保留一塊可供幼兒自由揮灑的角落，例如塗鴉區是在教室一處放置白板或彩色筆、紙張，供學生任意彩繪圖案；心得感想區供幼兒把當天所學的心得與感想畫出來和同學分享。

室內外牆壁佈置方面，室內牆壁上配合主題做情境佈置，可陳列幼兒作品，不過牆上也不宜有過多裝飾品，以每兩週陳列幼兒學習成果最佳；除了給幼兒足夠的時間完成作品，且讓大家有充足時間看到幼兒創作學習的成果。教師也可以在教室走廊展示藝術作品或幼兒個人作品、活動照片，或者將幅度大一點的作品在此陳列，有助於家長了解幼兒的學習成長，並能讓幼兒欣賞同儕的作品，從中互相學習。

（三）公告區

設置公告區是為了將重要規定或訊息作傳播，例如有關班級規則、作息表，或將注意事項、教師囑咐完成的事項，在明顯看得到的地方陳列或張貼，達到宣傳的目的。

也可在門口設置佈告欄或榮譽欄、獎勵欄或告示牌做為公告地點，定期呈現班級相關活動，也可以張貼幼兒活動照片，有助於家長了解幼兒生活狀況。

⬤ 二、自主學習空間

　　自主學習空間指教師為幼兒學習而設計的學習區。學習區屬開放式的學習空間，強調提供幼兒不同領域的學習機會（Moore et al., 1996）及多樣性的學習空間，有足夠的材料供幼兒使用，並容易取得材料。幼兒在學習區能依自己的興趣與能力完成任務或達成學習目標。對於學習區的規劃，依教師規劃的理念安排學習區的區數、依教學目標對學習區作定位，教師在其中扮演適當的角色。學習區的規劃無視線阻隔或死角，讓教師易於觀察管理，亦能讓幼兒便於了解各學習區之狀況。

（一）學習區目標

　　學習區設立的目的是以幼兒為主體，強調幼兒自主探索，因幼兒具好奇心喜愛探究、充滿想像力、能自我引導動手動腦的自主學習。學習區能滿足幼兒的需求，並與同儕互動，階段性循序漸進的學習，能獲得統整性的經驗。當教師構思預備學習區時先觀察幼兒，了解每位幼兒的個別差異與需求，且藉此發展自己的專業能力。在開放學習區，教師應當扮演好規劃者、輔導者、指導者與評量者的角色，協助幼兒學習。

（二）學習區區數

　　學習區應該設多少區？一般教師會依教室空間大小進行規劃，也會依小朋友的需求再做調整。另外，有些幼兒園的教學不走學習區，也會設計學習角落供幼兒在轉銜時間或讓幼兒有自主學習時間（自由活動時間）。採學習區教學的班級應設幾個學習區？筆者訪談的教師認為教室內至少要有五個。另外，學習區也會依教師的專長或教材資源的取得或伴隨配搭主題教學需要命名及設置。學習區有的分成扮演區、美勞區、組合建構區（或 GIGO 區和 LAQ 區）、數學區、語文區、科學區；或

是安排娃娃角、美勞角、積木角以及圖書角。學習區的區數視教師是否能善用空間而定，有的教師會利用有限的空間多增設學習區。

實例分享

　　一班的老師比較注重學習區，所以學習區比別班的教室來得多，但也不會因為學習區增多，教室顯得擁擠或雜亂，反而因為老師善用教室佈置，讓教室看起來很整齊。

　　學習區配合主題設置，就會有不同學習區的命名。例如進行「繽紛豆子」主題的班級，學習區就設有「拼豆區」，這區放置各式各樣的豆類，當幼兒要進去拼豆區前，老師會先讓幼兒思考一下自己怎樣用豆子拼出圖案，再決定拿多少豆子；進行「巧妙手工編」的主題，班級設有「編織區」，編織區放有豐富的素材，例如：毛線、串珠、色紙、編織工具等，供幼兒自由使用，讓幼兒自行去探索學習編織。

（三）學習區設置

　　教師對每一區的規劃會參考學習指標和大中小班應具備的能力來設置，但有的教師會依自己課程與教學的特長規劃學習區。同時，空間擺設和材料放置位置也都是有目的性的，好讓幼兒能依照興趣和意願自主探索。教師們設計的學習區，共通的學習區有創作區、娃娃區、語文區、益智區及團討區等，在每個學習區裡會仔細分類收集相關物品讓幼兒能輕鬆找到材料及收拾整理。有的教師則會依照主題作佈置，目的在提供材料時可依主題的走向選取，不致於使學習區資源欠缺並能搭配主題教學。

實例分享

　　小熊班的學習區是配合主題課程模式佈置，每一個半月會依主題更換學習環境一次，因為要依照每次不同的主題，所以學習區也要跟著做更新及新增教具。

　　例如小熊班有六個學習區，分別為語文區、數學區、積木區、生活自理區、自然觀察區和美勞區，帶班老師以「昆蟲世家」為主題作設計，從學期一開始陸續帶入螳螂、竹節蟲及螞蟻，孩子們在自然觀察區透過觀察、記錄了解動物的習性。讓孩子動手做實驗，探究是肉食性還是草食性動物、生長在什麼環境等，並請幼兒用文字或圖畫做紀錄；在語文區，放置有關昆蟲的繪本幫助幼兒了解昆蟲的習性；在美勞區，幼兒畫下「螞蟻咬著食物排隊」，有部分的幼兒則是以小書記錄呈現螞蟻分工合作「秋藏好過冬」的習性。

（四）學習區標示

　　學習區清楚標示能使班級經營事半功倍。學習區的學習目標單純明確、考量最佳擺放位置、使用開放式的教具櫃（考量尺寸、材質）、規劃一物一位、教具數量配合使用人數、安排指導性低的教材教具。每個學習區要明確區分出來，讓幼兒知道選擇有興趣的區域進入學習；另外，學習區張貼歸放教具的標誌，幼兒能夠自然地從環境中學會收拾歸納，教師也不必花費時間等待或催促幼兒。

　　另外，每個學習區設有貼名牌位置，幼兒要去學習區前，先去拿他們的名牌來放，可避免一個學習區裡有人數過多的問題。環境標示清楚的狀況下，幼兒不需經過詢問、尋找，或在使用時造成破壞、遺失、肢體衝突等負面行為。

標示清楚有利幼兒收拾：各學習區之教材教具都有固定位置，並貼上標示牌，讓幼兒方便拿取及歸放；幼兒知道物歸原位且能自行操作，有效達成學習目標。同時，學習區能以清晰有序的方式呈現教材教具，指引幼兒有效的尋找教具、完成工作並自行整理、收拾。教師鼓勵並協助幼兒建立自助技巧，收拾教具及清理桌面等，幼兒經教師的示範與演練更能學到生活自理能力，如整理、打掃、洗滌等基本生活技能。

（五）學習區定位

以學習功能定位，如先看教室的空間大小、動靜、乾濕作十字定位安排，像是比較靜態的語文區、益智區就會被排在一起，而較動態的美勞區、科學區、積木區與娃娃區就會被排在一起；至於乾濕的部分，通常語文區或益智區，會被排在離洗手台最遠的地方；會用到水的美勞區或科學區，就會安排在離洗手台近一點的地方，有的幼兒園會把美勞區設在廁所旁，因為使用水龍頭比較方便。

因此，教室中多元的學習區在於教師能有效的利用空間，以及使用合適尺寸大小的櫃體。大部分幼兒園的學習區有創作區、娃娃區、語言區、益智區、積木區及團討區等，在每個學習區裡，教師會仔細分類收納所有物品，讓幼兒能輕鬆找到材料及收拾。

（六）學習區選擇

在學習區時間，教師會讓幼兒自主性的選擇要進入哪一區，但有時幼兒不知如何選擇，還在教室晃來晃去時，教師需主動引導：

1. 讓幼兒先想好要選什麼區，進去要做些什麼。
2. 讓幼兒先看看每個學習區的人數牌有沒有被貼滿，選擇沒有額滿的學習區。
3. 要求幼兒進入學習區要先登記自己的號碼。

4.讓幼兒拿著學習區計畫表，畫完計畫之後才能進入學習區。

　　在學習區時間，教師多用鼓勵的方式去引導幼兒的想法，而不立即告訴幼兒解決的方法！讓幼兒們在自行摸索中領會、期望和完成工作達到的成就感，這不僅可以增加幼兒的信心，也能提升幼兒的能力！

（七）教師的角色

　　學習區教學「教師」角色是不可或缺的，因幼兒喜歡探索，該如何深入學習，就需要靠教師不斷地引導。教師根據幼兒本身的興趣去發展，讓每一位孩子得到不同的學習歷程，豐富幼兒的經驗，進而讓幼兒的興趣得到更多元的發展。

　　學習區會展現不同的教師特質，筆者訪談教師時在相同幼兒園裡看到不同班級教師的佈置風格，兩個班級（斑馬班和白兔班）教師環境佈置風格迴異，在斑馬班發現教室裡的教具多是教師親自為幼兒量身訂做的，在佈置方面也是以手作日式風格為主；而白兔班的教具多為日常生活隨手可得的物品，佈置方面則是走北歐簡約風格，並善用自然的元素來裝飾教室！兩間教室空間規劃具有教師個人特色也豐富了學習區的佈置。

　　選學習區的主體是幼兒，當教師角色定位後將學習主導權下放給幼兒，教師透過和幼兒之間的對話討論、觀察幼兒在學習區實際操作情形、了解幼兒興趣與優劣勢能力，適時的引導幼兒，並針對幼兒作差異化教學，安排小組合作學習及同儕觀摩。教師藉由對話提問，引導幼兒去動腦，真正從「以幼兒出發的觀點」去思考，進行以幼兒為本位的教學。

　　教師也是很重要的觀察者及輔助者，當教師在學習區巡視觀察幼兒的學習狀況時，要及時的因應。

　　1.當幼兒進入學習區，經常在「趕場」、快速「完成作業」或「等

待」，或是不斷「尋找」；或者常常「呆坐」、「依樣畫葫蘆」、「分心」及「漫遊」時，教師要適時的引導。

2. 觀察幼兒在操作過程是否會「半途而廢」、「原地打轉」或「鑽不出象牙塔」，教師需適時提供鷹架。

3. 當幼兒離開學習區，常「不收拾」或「破壞」別人的作品時，教師需適時叮嚀與糾正。

4. 幼兒在學習區有不合宜行為出現時，教師需適時處理，例如讓幼兒到一旁反省剛剛不當的行為、「隔離」或暫時「剝奪」進入學習區。

　　學習區時間內教師隨時觀察或適時參與幼兒的活動，以尊重、支持及關愛的態度與幼兒互動（如：正向語言、專心傾聽、眼神接觸等）。而幼兒在學習區的學習過程中，教師要充分掌握幼兒學習狀況，適時且適當的介入，並引導幼兒跨越自己的盲點或原有的發展。

　　因此，學習區是以幼兒為中心，教師在學習區扮演的角色是供應者、指導者、觀察者及輔助者多種角色，而角色的扮演應適時介入與回應幼兒的學習狀況。

⚫ 三、不侵犯的空間：座位安排

　　不侵犯的空間指幼兒在學習與活動時擁有不被干擾的空間，以減少產生肢體碰撞、冒犯、攻擊與騷擾等行為。座位安排挑戰教師教室空間的規劃。成功的班級經營與幼兒座位安排有關，當座位安排欠妥，將影響班級秩序和幼兒的學習，例如讓幼兒座位臨窗邊易讓幼兒思緒飄忽；座位安排太擁擠或太寬敞，容易產生幼兒彼此之間推擠或在教室裡奔跑，如此便干擾到幼兒的學習。幼兒座位安排有不同的型式，無論採用哪一種，都應以幼兒不受到干擾與侵犯為主。因此，適當的座位安排，有助於教師掌控幼兒秩序，做好班級管理，創造一個良好的學習環境，

促進幼兒學習。

（一）座位安排原則

　　教室內座位安排，須顧及幼兒的學習不受干擾，擠在一起的座位會讓幼兒常有肢體磨擦的機會，易產生爭執。此外，座位的安排除考量要讓幼兒能專注學習外，也需顧及幼兒的個人因素，例如有視覺的因素、聽覺的因素、溫度的因素或空間的因素，則需要特別的安排。此外，亦需考慮到不妨礙幼兒學習，及依幼兒學習的需求而採用座位的型式。

　　開學初教師剛接一個班級，因為還不了解孩子的情形，通常會讓幼兒自由選擇座位，觀察一段時間後，教師比較了解並熟悉孩子的學習情形，才會進行座位編排。教師安排幼兒座位盡量以幼兒之間不造成干擾與妨礙為原則，因此，安排位置時會考慮到下列因素：

1. 視野不被阻擋，讓所有幼兒都能看到教師的教學。
2. 座位的安排避免直接面對干擾源，如靠窗邊、走廊，以免造成分心及破壞學習氣氛。
3. 保持適當距離，以不妨礙他人活動為原則。
4. 考慮每位幼兒的個別差異：身高、視力、體重及情緒等。
5. 可安排男女間隔坐：讓不同性別間互相觀摩，看到不同的優點而互相學習。
6. 可依幼兒學習態度、能力做交叉分配的座位安排，或新舊交錯的方式將新生安插在舊生當中，讓舊生去帶新生，形成新、舊生互助學習。
7. 為達成學習為目的，座位可以是固定型式，也可以變換座位。

◆ 實例分享

　　被訪談的李老師認為排座位要考量到自己是否能掌控幼兒的學

習狀況以及讓幼兒之間能舒服自在的學習。

　　李老師在安排教室的座位時，曾遇到的問題就是大部分幼兒坐在一起會互相干擾，且有時會繞著桌子邊跑邊玩耍。遇到這些狀況時李老師的處理方法是：(1) 桌子不要排那麼多張，分散開來不要排放在一起；(2) 活動不要一直在座位上進行，可以坐在地板上或拿椅子坐成ㄇ字型進行；(3) 可定期變化一下座位型式；(4) 幼兒的座位可常變換，不固定位置。

（二）座位型式

　　座位依教學功能作安排，座位的型式可分為行列式、半圓型及ㄇ字型，每種排列方式各有優缺點，但視教學目的而定，不同的型式，教師扮演的角色也不同。

1. 行列式

　　行列式又稱排排坐或排排站，使用的時機是教師想對幼兒宣布共同遵守規則或做重要事項宣導。排列的方式為，每位幼兒有固定的空間（桌椅）和位置（一個人寬度），如下圖：

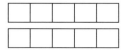

　　此排列方式的優點是教師下達指令時，可讓全部的幼兒一致性的聽到與反應；一般在戶外活動或進行大肌肉活動時，教師會採用此方式。行列式的缺點，是後排的幼兒容易分心或上課看不到教師的示範教學或聽不到教師聲音，因後面幼兒的視野容易被擋到。同時，師生互動少，幼兒之間的團體活動空間小，互動的機會也減少。

　　但有的教師把行列式稍作改變，也可達到效果，如被訪談的李老師

將行列式座位改成左右對稱排列，她認為：「這樣的座位安排，對我而言是比較容易掌握孩子的狀況。」上課時操作學習單、美勞創作、吃點心、午餐等都能掌控。

2. 半圓型

教師坐在幼兒前面，面向幼兒，幼兒圍繞教師。幼兒可以坐在地板上，也可坐在椅子上。座位的排列如下圖：

採半圓型座位時，教師扮演的角色是輔導者，跟幼兒一起言談互動，因為幼兒可以看到教師的教學，並容易與教師形成互動，教師也可以看到每一位幼兒的學習狀況。教師大部分會在分享繪本或說故事給幼兒聽時採用此種座位方式，其缺點是幼兒在教師不注意時比較容易與兩旁幼兒嬉鬧。

3. ㄇ字型

ㄇ字型是教學時常安排的座位方式。ㄇ字型的好處是孩子的視野不會被擋到。教師在團討時也喜歡採ㄇ字型的座位，但缺點與半圓型相同。

一般教師在開學之初會讓幼兒自我介紹彼此認識，或在教學過程中請幼兒分享創作或想法時，常安排半圓型或ㄇ字型的座位。採ㄇ字型座位的教師分享：「說故事時請幼兒坐在地板或搬椅子坐，教師可以看到幼兒，幼兒也能看到教師，並且每位幼兒都能看到故事繪本，ㄇ字型坐法教師也比較好管理秩序。」教師也常在與幼兒團討、創作作品後進行分享，以及學習區小組或個人分享時，安排ㄇ字型或半圓型座位。有些教師採用ㄇ字型讓幼兒坐在地板上時，事先會在地上用膠帶線畫出ㄇ字

型，讓幼兒保持距離坐定。

　　座位型式的選擇主要以不造成干擾為主，有益於教師能掌握幼兒狀況。現況中，班級裡師生間較多互動，與幼兒距離相近，教師為直接了解幼兒狀況，及課堂間較多的團體討論，座位的安排通常較為彈性。

（三）依對象排座位

　　根據大、中、小班能力程度不同，教師會依不同對象安排座位。被訪談的教師認為，要視幼兒的年齡決定是否使用桌椅的座位。小班的幼兒不太需要課桌椅，上課與教師的距離盡量不要太遠。此時期的幼兒仍需要跟教師有肢體擁抱或近距離的接觸，若距離太過遙遠，孩子較無安全感；中班的幼兒會安排以分組的方式進行活動，增加同儕互動、合作，且須安排幾位能力較好的幼兒帶領其他人，因此，座位很彈性，並不採用固定座位；大班的幼兒能力已較佳，會採用獨立方式安排座位。

　　教師善用座位安排巧妙的設計，不僅可以帶動班上氣氛，也可省下管理秩序的力氣，所以班級座位的安排，也是班級經營中重要的一環。

＼ 肆、結論 ／

　　教室空間的規劃與環境佈置是班級經營不可忽略的因素，合宜的教室空間規劃提供師生安全、舒適、便利、有效教與學的場所。有目的的佈置教室學習區可提供幼兒一個理想的學習環境，自然提升教師的教學成效，也為幼兒的學習與發展帶來正面影響。教師班級經營理念反映在教室的空間規劃與學習區佈置，也是教師創意的發揮。教室空間的安排與運用是教師高度個人化所做的決定，每一位教師所做的決定都將反映他的個人理念、課程目的、幼兒圖像和班級經營，每一種安排也都反映出教師期望幼兒如何學習、如何認知幼兒的學習需求，並讓教室環境產

生作用。

　　就事實而言，教室空間規劃、學習區佈置與座位的安排，都是教師為使教室的每一個角落能充分的運用以達成教學目標，教室班級運作井然有序，如此，教學品質和學習成果必然豐富。

　　合宜的空間規劃與環境佈置能促使幼兒與同儕形成互動，且在精心設計的學習區內玩得盡興、玩得安全的學習。教師提供幼兒的是活潑有用的學習環境，為幼兒營造快樂學習的氣氛。

　　一間空間規劃完備的教室，將能減少許多混亂現象的發生。故在規劃教室空間配置與環境佈置時，應配合幼兒的年齡發展，設計建構出符合且能促進幼兒身心發展與便利師生共同生活與學習的環境，使教室成為師生互動的共做、共學、共享、共賞的生活空間，這樣的佈置就可算是相當成功了！

參考書目

谷瑞勉（2020）。**幼兒園班級經營：反省性教師的思考與行動**（第三版六刷）。心理。

周怡伶、段慧瑩（2009）。許幼兒一個美好的環境：幼兒園中介空間初探。**幼兒教保研究期刊，3**，75-90。

湯志民（2001）。幼兒學習環境的建構和設計原則。**初等教育學刊，9**，135-170。

Bronfenbrenner, U. (1979). *The ecology of human development: Experiments by nature and design*. Harvard University Press.

Moore, G. T., Lane, C. G., Hill, A. B., Cohen, U., & McGinty, T. (1996). *Recommendations for child care centers*. University of Wisconsin-Milwaukee.

干擾行為之輔導

╲ 壹、前言 ╱

　　班級經營中最需要教師立即處理的就是幼兒突發性的干擾行為，它不僅會中斷教師的教學及幼兒的學習，有時候還可能造成幼兒安全之虞。教師會竭盡思慮預防幼兒的干擾行為，並輔導幼兒建立良好行為使班級經營順暢運作。一般認為抑制干擾行為直接懲罰就好，但教師會以合適方式處置，阻止幼兒干擾再發生，以免帶給班級負面影響、破壞師生關係或造成家長的誤解。教師面對幼兒的干擾行為時，要謹慎因應防止情緒失控，尤其切勿在盛怒下體罰幼兒。依目前我國法令的規定禁止教師體罰，若牴觸法令恐怕會影響教師的生涯發展。

　　幼兒干擾行為並非單一的行為，表現出來的不只中斷教師教學、影響幼兒學習，還會破壞班級常規。因此，教師應積極面對，找出因應策略，營造學習環境，提升教學效能安心帶班。以下先針對干擾行為下定義、作分類，再說明成因，並提出教師對干擾行為的因應策略。

＼ 貳、干擾行為的定義與類型 ／

一、定義

　　干擾行為指幼兒行為違反班級常規，妨礙教師教學與幼兒學習活動之進行；或破壞教室物品；或傷及幼兒等行為。干擾行為分為有意圖性及非意圖性。意圖性干擾是指蓄意的，也就是故意為之的行為，例如，有的幼兒故意尖叫引起注意；非意圖性則指突發的，如幼兒認為自己的權利被剝奪，為維護自身權益而傷人。

　　本文所規範的干擾行為還包括不當行為及違規行為。所謂不當行為（misbehavior）係指在特定時刻表現不合宜或不恰當的舉止，不當行為會打斷或破壞班級活動的進行，如在午休時間大聲吵鬧；違規行為是指違反班級常規的行為，例如，規定吃不完的飯菜要倒入廚餘桶卻被倒進垃圾桶，造成清理的困擾。

二、類型

　　Kerr 與 Nelson（1998）指出干擾行為即干擾課堂活動正在進行的行為，沒有單一精確的定義，干擾行為會以不同的方式表現出來；胡永崇（2002）認為干擾行為是干擾他人正在進行的行為，包括肢體或語言攻擊他人、干擾他人、爆發脾氣、情緒失控及破壞物品等。Melloy（2001）認為在課堂上任意說話（off-task talking）、離開座位、製造噪音、把玩物品、隨意丟東西（climbing）等都屬於干擾行為。本文歸納三種最常見的干擾行為：

（一）違規行為

指違反班級常規的行為，例如在教室亂叫、亂跑、說髒話、擅自離開座位、丟東西、藏匿東西及塗鴉等，也指不專心學習影響別人，如與鄰座交頭接耳、打岔、搗蛋惡作劇等。

（二）攻擊行為

張春興（1989）定義攻擊行為為：以敵意的行動傷害別人或破壞物體的一切行為。這個定義包含有意圖性（敵意）的攻擊及外在的行為（傷害）及非意圖性攻擊行為。非意圖的攻擊如幼兒站前排可以看到表演，但突然被插隊擋住，幼兒伸手把插隊的人推倒。

幼兒敵意的行動而形成的攻擊行為，大都是在幼兒情緒爆發下而有的報復性攻擊行為。報復的攻擊行為有打架、欺侮和離間關係，例如被撞倒而推人、譏笑及謾罵。

（三）破壞行為

幼兒表現出來的破壞行為有：破壞團體活動、摔東西、撕書、破壞玩具、偷東西等；或絕交關係，如小雨與小星吵完架，小雨告訴好友不要跟小星做朋友。

破壞行為分成兩類，非意圖的破壞屬於不小心，如動作不靈巧，幫老師拿杯子不小心摔破了；有意圖的破壞，如袋鼠班小玲拿著心愛的貝貝熊展示給好友小蒨看，讓她摸摸貝貝熊的毛，在一旁的小妮伸手把貝貝熊搶過來，頓時班上爭吵聲四起。

干擾行為包括上述三種類型行為，這些行為不僅擾亂班級紀律、違反規定，也是不符合一般班級規範中該有的行為表現。

＼ 參、干擾行為形成的原因 ／

一、生理因素

　　有些幼兒較活潑、容易衝動，加上精力充沛，破壞東西常常是無心的。過動及情緒不穩幼兒也容易出現干擾行為；有過動症狀的幼兒，較欠缺耐心等待也常伴隨衝動的行為。

二、心理因素

　　幼兒破壞行為有的是因為無法克制自己的情緒，加上不善於表達自己的感受，而借由破壞來引起成人注意。特別是當幼兒感受不到家長的關懷時，會在學校出現不當行為，引起教師的注意。

實例分享

　　白兔班小樺家裡開麵店，父母忙著做生意，無暇照顧她，每天由阿嬤載她上下學，進入班級之前她會看一下同學排列在鞋櫃裡的鞋子。有一天放學時，家長一一來接幼兒，幼兒們到鞋櫃拿鞋子準備回家，卻發現只有一隻鞋子，另一隻不見了，遍尋不到。白兔班楊老師聚集幼兒問另一隻鞋子的去向，但沒人知道。最後，小樺舉手說她知道！楊老師問在哪裡看到？小樺指鞋子在水溝裡，大家終於在教室外水溝裡找到遺失的鞋子。楊老師仔細查問小樺，才知道是她把鞋子丟進去的，再進一步了解小樺的家庭狀況之後，發現小樺的行為是為了讓大人注意她，才會這麼做！

三、外在環境因素

外在的環境會引起幼兒好奇，需要教師經常囑咐幼兒哪些是違規的行為，尤其對剛入園的幼兒，若未明確說明會引起幼兒用自己的方法去探索環境而造成破壞。

實例分享

在開學報到之後，王老師帶著全班認識新環境，在校園走一圈之後，王老師帶大家上二樓到自己的企鵝班，停在走廊上。王老師介紹幼兒班級的位置，是二樓第二間教室，也告知幼兒不可以攀爬洗手台，因為不小心掉到樓下會受傷，她還特別強調，雖然二樓有架設網子，掉下去一樣會受傷。說明完畢後，王老師帶大家進入教室上課。隔幾天，放學後大家準備回家，突然教室外面吵雜聲響起，王老師趕緊問明原因，有的小朋友說：「沒有鞋子穿，怎麼回去？」王老師問：「鞋子怎麼不見了？」明騰跟王老師說：「鞋子在二樓的網子上面！」包括他自己的。王老師問：「是誰把鞋子丟在網子上面的？」明騰說：「我丟的！」王老師問：「為什麼？」明騰說：「我要看看網子會不會破？」顯然，王老師囑咐幼兒時，還需要特別申明不可以將東西往二樓的網子上面丟。

肆、因應干擾行為的策略

幼兒園干擾行為中以違規行為居多，大都是不遵守班級常規而造成的。剛開學沒多久違規行為發生最多，因為幼兒在家閒散慣了，家長並不會特別要求幼兒的生活作息有紀律，一向都放任自由。一旦入園，幼兒就要跟隨有紀律的步調前進，有如脫韁野馬進入馬廄接受馴服，這對

幼兒而言常一時適應不了，而有脫軌的行為產生。加上幼兒認知是「自我中心」、我行我素，若要幼兒融入班級遵守常規，需要教師寬待的胸襟及耐心引導。

一、違規行為

（一）違規行為常見表現方式

幼兒違規行為頻頻發生，將對教師的班級經營造成挑戰。有的幼兒我行我素、隨意講話、課堂上任意行走，不理會教師教學或班級活動，有時還會出現不當行為如大聲叫囂、拍打鄰座等。

1. 上課講話

在教學過程或活動進行中，幼兒在下面跟其他小朋友講話，會干擾到其他幼兒學習，筆者所訪談教師的因應方式如下：

(1) 提醒

洪老師在教學進行中，對於不遵守規則、上課說話影響其他同學的小朋友，會將小朋友的座號寫在白板上提醒他們，並告知這幾位小朋友下午不能自由地玩教具，需要坐在位子上休息。

(2) 發表意見

陳老師會請講話的小朋友回答老師的問題，或請說話的小朋友上台，讓他大大方方地與大家分享剛剛說的話；楊老師先了解幼兒想要說什麼？如果急於表達或是分享，老師讓他知道等一下會留時間給他，但不急於一時；歐老師會先停下課，讓孩子發表想說的事情，等他發表完後，再提醒幼兒下次等老師說完了再說，請他耐心等待。

不同教師對課堂上講話的幼兒有不同的輔導方式，有的會直

接制止或讓其直接發言，有的會讓幼兒等候發言。但主要還是以不干擾上課為主，再讓幼兒等候發言以培養幼兒的耐心。

(3) 當小幫手

王老師認為如果班上有愛講話的小朋友，她可能採取請愛說話的小朋友上台當老師的小幫手，讓他把焦點放在老師請他幫忙的事情上，如此一來，他就不會再找別人說話了。

(4) 休息

林老師請講話的小朋友先在旁邊休息五分鐘，五分鐘過後，林老師再到他的身邊問他：「請問你準備好要乖乖作活動了嗎？」之後，停個五秒給小朋友思考再回答老師的問題。如果小朋友繼續干擾，林老師會問他要不要安靜上課，不然就要請他到後面反省，以免影響上課。

(5) 轉移注意

當幼兒課堂上一直講話，張老師會以吸引孩子注意的方式，重新吸引小朋友注意，例如以手指謠或是拍手吸引幼兒注意，讓他忘了跟其他人講話。有時張老師假裝手上有顆很香的蘋果，讓大家一起來聞聞看，講話的小朋友也會被老師的動作吸引而停止講話。

(6) 隔離

李老師會把愛講話的幼兒座位分開，分開之後若隔著其他小朋友還是講，這時李老師就會拿「特別椅」讓他們分開坐在最後面。

幼兒在課堂上講話是很普遍、經常會發生的狀況，教師上課或進行活動時都會遇到這類的干擾行為，雖然不會讓教師疲於奔命，但要維持幼兒認真上課，還是需要處理。上述提出不同教師處理課堂幼兒講話的因應方式以供參考。

2. 製造噪音

有的幼兒會刻意發出聲音，如大聲叫囂，或不時發出不悅耳的聲音引人注意，而干擾到其他幼兒的學習。教師的因應方式如下：

(1) 討論解決

顏老師會先了解孩子為什麼一直發出聲音，如果是因為不想上課而發出聲音，老師會請全班孩子一同討論，解決這個問題。另外，也會聯絡家長，了解孩子在家是否也會有這種情形，因為有些孩子是因為某些原因造成自己無法控制，如：輕微妥瑞氏症的孩子也會如此。另一種就是故意製造噪音，老師若請他離席坐到最前面，反而讓他直接帶著全班起鬨（故意胡鬧、搗亂），顏老師會先提醒幼兒，如果沒有用，就請他坐在老師旁邊監管。

(2) 找出原因

裘老師會請孩子們幫忙聽聽看，教室出現了一種奇怪聲音，讓孩子去尋找聲音來源，並讓孩子分享這種聲音干擾上課的感覺，找到聲音來源後，再詢問製造聲音的孩子為什麼要這樣做？是否有需要幫助？若不是故意的話就幫孩子解決這個問題，但如果是故意的就請全班孩子一同幫忙解決，該如何讓製造怪聲的幼兒不再干擾課程進行。

(3) 當糾察

如果班上有孩子會發出聲音干擾別人，湯老師會請他當小小糾察隊，認真聽看看，除了老師的聲音之外，還有沒有聽到不一樣的聲音。

(4) 帶檢討

若小朋友不願意配合規定而故意製造聲音干擾，教師會及時處理，讓干擾別人的幼兒作反省。例如午睡時有幾位小朋友不想睡

覺，但一直發出聲音影響其他人，王老師勸導後，還是有一位小朋友故意一直影響其他人。因此，王老師請這位小朋友坐到她旁邊，請他自己想一想，為什麼老師要請他來身邊，並請小朋友想想該怎麼做？經過溝通之後，小朋友答應老師以後會乖乖躺著，就算睡不著也不發出聲音。

3. 爭執

　　學習區時間櫻桃老師決定好讓小朋友玩雪花片，老師叮嚀他們要懂得分享，然後讓小朋友坐在教室的課桌椅上。Ｂ生問Ａ生：「我可以玩嗎？」Ａ生說：「要等五分鐘。」Ｂ生看著時鐘時間問：「五分鐘是多久啊？」老師說：「等長針指到１的時候就換你玩了。」Ｂ生在Ａ生的身旁邊看邊等待，時間到了Ａ生仍持續玩，之後Ｂ生就直接把Ａ生手上的雪花片搶走，此時Ａ生發出尖叫聲，老師請Ａ生到身邊並問：「剛剛那是什麼聲音（語調輕緩）？」Ａ生不語。老師說：「說話時要好好講，你這樣的表達方式別人不知道你要說什麼？」Ａ生離開後隔約三分鐘再次與Ｂ生大聲喧譁，老師說：「Ａ生跟Ｂ生請你們先休息冷靜。」

　　櫻桃老師的教導方式是要讓多數小朋友學習等待，並與他人分享。Ａ生與同儕互動時發生小小爭執，又無法適當表達自己情緒而發出尖叫聲。因此，櫻桃老師採取措施，當下馬上請小朋友到身邊，並教導小朋友正確的表達方式，也讓他們明白自己的行為會影響到別人。另外，櫻桃老師更進一步說明，針對小朋友因為情緒高亢而發出尖叫的行為，她會以小朋友健康照護為訴求，讓孩子了解尖叫對喉嚨的傷害，禁止尖叫。

4. 挑戰權威

　　有些干擾行為是意圖性的，幼兒故意凸顯自己與眾不同，當場表現

挑戰教師的權威。

　　蔡老師上認知課時，一開始用手拍節奏讓全班跟著做，當全班拍完之後，就會聽到多一拍，有幼兒故意增加一拍，蔡老師一聽，就請大家再跟她拍一次，並請大家注意聽，她拍完之後，幼兒跟著拍。當大家整齊一致拍完之後，又聽到多一拍，老師問是誰？所有的幼兒手指向班上一位男童，老師就說：「彥珀！請你跟大家一致好嗎？」老師再拍一次，全班又跟著拍，大家都跟著拍對了，但是彥珀又故意增加一拍。

　　下課時蔡老師找彥珀來，跟他說：「我跟你比賽，輪流拍節奏看誰跟不上？只要輸的人，以後就要跟贏的一起做，不能跟錯，如何？」彥珀願意比，蔡老師故意拍快節奏，彥珀沒跟上，他服輸！以後上課就不再多增加一拍。蔡老師以玩遊戲的方式收服彥珀，讓他知道挑戰權威也要有能力。

5. 遊走

　　有的幼兒不喜歡受拘束，即使上課時間也不覺得一定要坐在位置上，或留在一個角落，會想自由活動、離開位置看看別人在做什麼。因此，當教師讓幼兒自行選擇學習區完成任務時，有幼兒無心學習又靜不下來，時不時站起來看別人操作或到處遊走，干擾到別人的學習，此時教師因應的做法有：

(1) 當小老師

　　吳老師會讓這些坐不住的幼兒不影響別人學習，讓他們到前面當小老師，幫忙看看其他幼兒做的是否正確。當然，教師要確認這些幼兒已經學會後才能當小老師。

(2) 暫時隔離

設休息區隔離幼兒不造成干擾。為了因應幼兒干擾上課行為出現，吳老師跟小朋友一起設立一個「休息區」，只要有小朋友干擾上課，就請他到休息區休息，等他平靜下來再回來上課。

吳老師也給幼兒選擇權，一個是他可以先選擇乖乖坐下，等大家完成活動後，再一起跟大家進行接下來的活動，另一個是他可以選擇到休息區，但不能跟大家一起進行接下來的活動。不過吳老師也分享，有些孩子會認為在休息區沒什麼差別，時間久了次數也多了，就不會因為待在休息區而感到羞愧，照樣四處遊走。

(3) 坐到身邊

當幼兒干擾上課，張老師先請幼兒坐到老師的旁邊，或讓幼兒坐在後面的椅子上課，讓他覺得自己與別人是不同的。

張老師讓觀看別人的小朋友往前面移動，看小朋友狀況是否有改善。沒有的話，張老師就把幼兒帶在身邊，直到他願意專心參與活動不再干擾其他幼兒為止；另外，張老師也會把幼兒帶到一旁，先了解他遊走的原因，再解決他的問題，讓其他幼兒可以好好上課。

因應幼兒干擾行為的策略不是一成不變，而是視情境作調整，因為一種策略行之久了，有可能變成無計可施，幼兒很聰明會去挑戰教師的底線，所以策略須適時調整才能有效處理幼兒干擾行為。

6. 幼兒藉口上廁所不上課

幼兒會利用上廁所拒絕參與活動或中斷學習，特別是幼兒輪流去上廁所，教師的教學勢必受到影響。

(1) 幼兒藉口上廁所不上課的方式

　　A. 避開學習

　　　　幼兒在教室坐太久想活動一下，若教師還在上課，幼兒就會舉
　　　　手告訴教師說要上廁所；幼兒是想離開教室，不想一直坐著上
　　　　課。

實例分享

　　　　郭老師上課上到一半，柏林舉手說：「我要上廁所。」郭老師
讓他前往，但課程仍持續著，每隔幾分鐘郭老師就向門外看一下，
半個鐘頭過後柏林沒回來，郭老師請小老師去廁所幫忙找一下柏
林，小老師回來說：「柏林蹲在廁所外面的走廊！」活動結束了，
郭老師親自去廁所找人，發現柏林仍蹲在廁所旁，手中正玩著帶來
的玩具。郭老師問他：「你不喜歡在教室上課嗎？」柏林點點頭，
郭老師再問：「你喜歡在這裡不進教室嗎？」柏林說：「是。」郭
老師說：「既然你喜歡在這裡，那下午你就在廁所旁邊上課吧。」
下午柏林沒進教室，但郭老師請搭班老師盯住柏林。隔日，郭老師
再問柏林，還要去廁所旁邊上課嗎？柏林搖頭，隔天上課時柏林安
坐在自己的位置上。

　　B. 群起上廁所

　　　　群起上廁所是課程進行中最明顯的干擾行為。上廁所是生理需
　　　　求，幼兒上廁所當然不會被禁止，只要幼兒能在活動或課程結
　　　　束之前回到教室，幼兒不會被責備。但課堂中幼兒輪流跑出教
　　　　室上廁所，卻會影響教師的教學；幼兒用上廁所逃避課程，教
　　　　師必須想出對策化解教學或上課被中斷的困擾。

實例分享

　　星星班教師帶幼兒上完大肌肉活動回來上課，先讓幼兒上廁所及喝水，剛要向幼兒宣布注意事項，並接續下一個活動，就有一名幼兒舉起手，老師以為他要發表他的看法，於是跟幼兒說：「你說說看！」幼兒說：「老師，我要上廁所！」老師回應：「好！你去吧！」等老師回應完，班上有一半的幼兒輪流舉手說：「我們也想去廁所！」老師不得不把課停下來，等幼兒回來後再上課，但這一中斷卻延誤很久。

　　類似這種情形也會發生在教師帶團討，討論到一半幼兒就會跟教師表示要上廁所，一個說我要上廁所之後，其他的幼兒就會跟進，而參加團討的幼兒已跑走一半了，無法再繼續討論。

(2) 因應方式

　　針對這些不斷上演的情形，資深教師提出幾種因應辦法：

　A. 上課之前上廁所

　　每次上課前或者大肌肉活動回來，為避免上課被中斷，蔡老師會讓小朋友在上課前都去上廁所，以免上課中間有小朋友又要去上廁所。

　B. 輪流

　　若答應小朋友去上廁所，蔡老師會採取讓小朋友輪流去的方式，照小朋友舉手的先後順序去上，而不是讓他們隨意離開座位自由進出教室上廁所。蔡老師說：「大家想上廁所就一個一個輪流去！」這樣才不會造成廁所外面擠滿小朋友，干擾到廁所鄰近班級上課。

　C. 特別需求

如果同一個孩子一直想要上廁所，蔡老師會去了解小朋友的狀況，例如：孩子是不是身體不適？頻尿等等。

D. 先約定

若同時很多小朋友都要去上廁所，沈老師會限定人數，約束小朋友上廁所。老師跟小朋友約定後，小朋友獲准才能去。因此，沈老師每次要上課前先將上課規則說一下，若要去上廁所的小朋友就要舉手才能去。若多人要上廁所，沈老師會先請全班休息五分鐘，讓想上廁所的小朋友都一起去。

另外，沈老師讓小朋友先去上廁所，上完一次的小朋友，過一段時間若還想要去，沈老師就請這位小朋友再次上完廁所之後，回來先坐在沈老師旁邊或者是休息區。

E. 了解實際需要

(a) 生理因素：楊老師在上課前有請小朋友去上廁所，但課堂中還是有小朋友一直說要去上廁所，楊老師會先去了解原因，是不是喝太多水而想上廁所。

(b) 未依規定：上課前沒去上，老師還是會讓他去，但是會先告訴他如果下次再這樣的話，就要讓他慢點去玩，讓他知道不能常常這樣，這樣會打擾到老師及小朋友上課。

(c) 當藉口：不想上廁所卻說要去，老師就要特別注意小朋友是不是藉口去上廁所卻在外面玩，如果是如此就要告訴小朋友下次不能讓他去了。

(d) 控管時間：尤老師發現孩子在課程中一直跑廁所，而且多次上廁所的時間很接近，老師就會陪他上廁所（一班兩位老師），看是否真的要上廁所？還是只是想出來玩？倘若班上只有一位老師在，尤老師會掌控孩子上廁所的時間，例如：上課前先讓孩子上廁所，上課四十分鐘後再讓孩子

去上。若中途孩子仍是反映要上廁所，老師會依據個人狀
況來決定。

F. 事先叮嚀

林老師課堂前會再三叮嚀要去上廁所，如果是因為剛剛有人去
上，而他沒有去，就要他徵求其他小朋友的同意，因為他一個
人去上，課程會因他停止，要問其他的小朋友是否願意？通常
林老師會做一些引導讓其他的小朋友同意他去上廁所，也讓一
直跑廁所的孩子知道，因他們上廁所會影響到其他人的權益，
並在下次上課前再提醒他們一次，注意到不要影響別人，課前
趕快去上廁所。

由於教師常會遇見群起上廁所的干擾行為，上述集結多位教師的經
驗提供參考，以化解上廁所中斷上課的問題。

7. 吵鬧

吵鬧指幼兒大聲爭吵、叫喊、擾亂及不安靜。當遇到新的人事物，
幼兒容易興奮，伴隨吵吵鬧鬧，影響到其他幼兒跟著躁動起來，教師的
因應方式是會先暫停活動及先立好規矩來化解。

(1) 暫停活動

幼兒活動量高，興奮起來無法克制自己的行動，也時常在課程進
行到一半，突然與人發生爭吵、對人喊叫或有拍打的行為。這時
陳教師的處理方式是先提醒幼兒再暫停活動，等吵鬧聲停止，再
處理干擾上課的幼兒。

(2) 提醒上課

當方老師發現幼兒吵鬧，會立即暫停活動並使用技巧讓小朋友冷
靜下來，像是口頭提醒「現在應該是做什麼事的時候？」、「我
們剛剛決定要做什麼了？」幫助小朋友靜下心，再進行課程。

(3) 事先約定

幼兒活力充沛，到了戶外遇到人多的場合更是放飛自我，一發不可收拾。幼兒表現出來的跟在教室裡的截然不同，因為外在的刺激太多令他們興奮異常，若加上有競賽的活動，幼兒情緒更嗨（high）！偶爾還會導致行為失控。教師若了解活動性質及幼兒可能的表現，就必須事先約束幼兒。

◀實例分享

　　兒童節到了，幼兒園為慶祝兒童節舉辦闖關活動，在校園裡設置各式各樣的關卡讓小朋友闖關，過關集點數可兌換禮物。小朋友為闖關得禮物，各個躍躍欲試卯足全力，七嘴八舌商討過關策略，討論的聲音此起彼落，而且信誓旦旦認為自己一定得勝，興奮之情難以抑制。不過，當小朋友看到老師跟在後面，就比較會按規定進行活動，過程中都遵守秩序，排隊、輪流等，闖關活動進行得很順利，小朋友們也玩得很開心。但不可避免的，過程中就有幾個比較興奮的小朋友，會去捉弄同儕、吵吵鬧鬧……。謝老師在一旁不斷叮嚀、提醒，提防小朋友失控的行為發生。事後謝老師分享：「若在活動開始前，能事先為小朋友設定具體合宜的行為標準，明確規範幼兒，教師就不必在活動過程中不斷提醒！」因此，外出活動與幼兒約法三章是有必要的。

(4) 制止吵鬧小招數

上課時如有幼兒不專心、搗亂或很吵，教師因應方式：

A. 提醒

當教室吵鬧時，小英老師對小朋友說：「今天好吵！我一直在用眼神提醒小朋友喔！沒默契，實在太可惜了！」然後又說：

「有的小朋友和我就很有默契，很好喔！他們看一下就知道老師的意思。」一經小英老師提醒，大家都安靜下來了。

B. 關燈

吃點心拿餐具時太吵，小花老師就把電燈關掉，小朋友瞬間就安靜下來，小花老師說：「因為大家太吵了，所以小花老師決定關燈讓大家冷靜一下！」

C. 拍照存證

因為下大雨小朋友都很浮躁，小花老師就拿起手機跟小朋友說：「現在我要開始錄影，下午再來檢討一下，到底都是誰在吵？」小朋友聽到拍照存證，不想下午被老師留下來，就不再吵鬧。

D. 貼心詞彙

上課發樂器給中班小朋友，小朋友一旦碰到樂器會興奮的敲打，班級一下子也會變得很吵，櫻桃班老師在發樂器前就與幼兒做約定，跟小朋友說：「不能太大力的敲樂器，不然它會痛喔！」當過程中有小朋友太興奮不斷敲打樂器影響課程時，老師說：「我要請你的樂器休息了！」而不說：「我要把你的樂器收起來！」由於中班的年紀已能夠聽懂擬人化的用詞，教師在教學中運用貼切的幼兒詞彙，反而讓小朋友更能理解與接受。

（二）資深幼教師對違規行為的理念與輔導

1. 理念

筆者訪談年資約二十幾年的幼教師，他們帶班的理念認為孩子除了知識的學習外，更希望幼兒由平日的生活中學會與人相處之道，懂得去關心別人和愛這個社會，以快樂學習為原則。但幼兒常會無心或有意的

犯錯，教師對違規行為不得不出手處理。

2. 違規行為輔導

　　有關教師對幼兒違規行為因應及輔導方式，資深教師提出他們的看法。

(1) 立威信

　　陳老師認為當小朋友第一次違規時，或許他還不懂，不會在同學面前罵他，而是找一個地方單獨跟他對談，並且問明違規的理由，希望他下次不要再犯，如果幼兒再犯就會有處罰。下次如果真的故意再犯，陳老師就會處罰到底。她認為有的老師處罰小朋友時，有時候會覺得於心不忍，但是陳老師認為教師必須建立自己的威信，說到就要做到，處罰時絕不猶豫。同樣，鼓勵小朋友或該給予愛的時候，也要毫不吝嗇地給他們，要讓小朋友感到老師很愛小朋友。

(2) 豫則立

　　凡事豫則立，不豫則廢，指事情須預先作準備才能成功，否則就會失敗。教師因應幼兒的違規行為，須事先思考討論過，再決定處理，才能減少幼兒的違規行為。企鵝班莊老師遇到幼兒違規行為時，會先去找出問題，再去訂定規矩，也會先跟幼兒討論過才執行，她認為這樣在處罰幼兒時，幼兒才會心甘情願接受，也不會回家跟家長亂編故事。以下英文字 Q 代表筆者問問題；A 表示莊老師的回應。

Q：請問老師是否會與小朋友訂定上課規則？

A：企鵝班會把班規張貼出來，是條列式的。其實企鵝班沒有固定的班規，會觀察小朋友的狀況去做調整。例如：這禮拜發

現小朋友上下樓梯會互相推擠，就會與小朋友討論上下樓梯
應該要注意哪些事情才不會危險，由小朋友提出想法，再由
老師做統整，是大家認同後才正式成為班規，這時張貼班規
就會增加一項「上下樓梯請小心」。

Q：若幼兒違反班規會有什麼處罰？

A：處理方式是讓小朋友反省自己的行為。請小朋友到旁邊休
　　息，暫停正進行的遊戲，一方面是要他冷靜，另一方面是讓
　　他反省。依照每個小朋友的狀況，暫停時間會有所不同，等
　　時間到了，再與老師討論自己的行為是否得當？若是上課中
　　打擾到其他人，會先由另一位搭班的老師先輔導，之後也是
　　做同樣的處理，限制他的活動，一方面冷靜、一方面反省。

　　因此，與幼兒訂定規則是一件很重要的事，但因為每位幼兒
不同，有時還需要依照每位幼兒的態度與狀況作衡量。

(3) 預備環境

　　教師為防止幼兒干擾行為，都會事先立規則。當事件發生
時，再依法處理，但幼兒也需要有可行的環境，才能落實遵守規
定。

(4) 立規則

　　某日上午，謝老師安排帶彩虹班小朋友去沙坑玩耍，謝老師
先在教室裡跟小朋友講規則。她在黑板上面畫一隻拖鞋，然後旁
邊寫要穿拖鞋，並告訴小朋友襪子可以放在鞋子裡。再寫備用
衣，請小朋友去個人置物櫃拿備用衣出來，並跟他們說把備用衣
放在餐廳的桌子上，如果要換衣服要去體能遊戲室才能換。

　　謝老師也提醒玩沙的注意事項：第一，不能丟沙子也不能把

沙子往高處撒，因為會傷到其他小朋友的眼睛；第二，不能把人埋在沙子裡，因為這樣很危險，如果爸爸媽媽帶你們去玩沙子有跟你們玩這樣的遊戲，那是因為你們是跟爸爸媽媽玩，但是在學校不能玩這種遊戲！

(5) 確實遵守

謝老師把該說明的事情都說明完之後，會再反問小朋友，要將什麼脫掉呢？小朋友們就會說：「襪子。」問備用衣要放在哪裡呢？他們就會說：「要放在餐廳的桌子上。」顯然，謝老師的規定幼兒都聽見了！

(6) 確實處罰

謝老師宣布叫到號碼的幾位小朋友要延後五分鐘玩，因為他們在上一個活動的表現有點失控；謝老師未禁止他們玩遊戲，而是延遲他們玩遊戲的時間，以示不遵守規定犯錯時必定處罰。

由上述可知，「規則」讓孩子知道哪些行為是可行與不可行的，而規則必須是師生共同討論制定，是合理的、公開的，規則制定好可免除孩子的猜測。而當規則被破壞時，則必須給予處罰，但處罰必須具有建設性而非敵意，使違規行為漸漸減少。

■ 二、破壞行為

幼兒干擾行為中最令教師感到困擾的是破壞行為。破壞行為指破壞公共事物，舉凡教室的物品、教具或毀損公共區域空間等，又如破壞玩具、使用蠟筆或彩色筆亂畫牆壁、撕毀其他小朋友作品等行為。

（一）破壞物品

班級中有的孩子不會愛惜物品，常常有心無意地破壞教室裡的教

具。張老師為節省資源防止孩子的破壞，運用了幾項策略：

1. 把容易破碎的東西放在安全的地方。
2. 獎勵孩子們愛惜物品，以及養成節約用品等謹慎的行為。
3. 收集廢舊物品，供孩子隨意拆卸探究。
4. 避免孩子發洩情緒破壞東西。例如張老師教導孩子以恰當的方式表達自己情緒，也鼓勵孩子說出心裡的感受，並示範怎樣用適當的方法紓解情緒。

（二）破壞作品

有時班級中幼兒的不當行為會破壞其他小朋友的作品，教師必須立即處理。

實例分享

平時上課小強坐在座位上喜歡故意轉動椅子，常常會撞到人，坐在他旁邊的人常被他撞到，被撞倒的人就不小心壓壞別人桌子上的作品。接著一大堆抱怨聲，每天郭老師聽不完小朋友對小強的控訴。

郭老師的處理方式是把小強的位置調到後面單獨坐一排，小強舉手抗議，郭老師跟他約法三章：「若一個星期內沒有人向我告狀就可以回到原位！」小強果真坐在最後一排，忍耐一週直到沒有人告他狀，才又回到原來的位置。

破壞物品的不當行為，教師適時提供替代物及防範措施可減少物品的損失。

（三）破壞整潔

　　小朋友的破壞行為常造成教師非常忙碌，教師可以衡量輕重，採取忽略的態度而讓幼兒自行處理。

實例分享

　　小唯操作教具時不小心將米粒灑到桌面和地面，破壞教室的整潔。他先是呆坐在地板看同學、老師，眼神散發出求救的訊息，當下吳老師有看見但並沒有出聲責備，只從旁淡定地經過，小唯就自己動手將米粒撿拾乾淨。因為吳老師曾提醒小唯操作教具要注意不讓米粒掉出來，當他被提醒第三次之後，吳老師就讓他自己負責清理米粒，知道修正自己的行為。吳老師適時地退居幕後，讓孩子學會對自己的行為負責。若是小唯故意把米粒灑出來，老師會請他到一旁休息，經省思之後再讓他重新操作。吳老師使用了削弱策略，引導孩子去面對錯誤並解決問題。

（四）破壞關係

　　幼兒會因意見不合或無心之過發生衝突，教師要化解幼兒之間的衝突，並維護幼兒之間的關係。

1. 動手推人

　　當小朋友在學習區發生爭吵時，班級教師會即時制止，並召集那一區的小朋友進行討論：「與其他小朋友發生衝突時，應該怎麼做比較好？」藉此讓小朋友知道發生衝突時，動口而不動手。

實例分享

　　老師在進行繪本時間時，讓小朋友分享對繪本的感想，大家都舉手想要發表，但有的小朋友等不到發言就躁動、吵鬧，大叫：「為什麼都輪不到？」也推前面舉手被叫到的小朋友。老師發現後，直接點出推人的小朋友說：「明宏你為什麼推人？可以推人嗎？」並告知明宏：「第一點，當同學在分享繪本心得，你可以跟其他人講話嗎？第二點，你現在坐的姿勢跟別人有什麼不同？請你坐好（使小朋友注意到自己的行為）。第三點，你能推人嗎？」並請明宏跟被推的小朋友道歉。

　　老師指出不當行為所在，讓推人的小朋友注意到自己的行為很不妥當，此為教師覺察後修正幼兒不當行為。

2. 好友間爭吵

　　幼兒之間的相處有時會因為意見不同而反目，為阻止因關係破裂而產生破壞的行為，林老師的處理方式如下：

實例分享

　　全班在彩繪畫本時，小英的彩色筆滾到桌子底下，小玲想幫小英撿起彩色筆而移開椅子，但彩色筆卻又滾到小麗的椅子下面。小玲對小麗說：「妳起來，我要撿彩色筆！」小麗說：「等一下，我畫完再起來！」小玲不高興地說：「那我要等妳，小英也要等妳！大家都等妳！」小麗也不高興地回話：「為什麼妳要幫小英，我們不是好朋友嗎？」一下子小玲與小麗吵了起來，林老師見狀出面處理！

　　林老師問小麗：「妳認為小玲撿彩色筆不對嗎？」小麗搖頭，

問小玲：「小麗請妳等一下再撿彩色筆不對嗎？」小玲搖頭，林老師再問：「小玲想撿掉到椅子下面的彩色筆是不是在幫助人？」兩個人點頭！林老師問小麗：「妳是小玲的好朋友嗎？」小麗點頭，林老師再問：「要不要幫忙好朋友、幫助別人？」小麗點點頭！最後讓兩個人握手言歸於好！林老師的處理方式，是先讓孩子冷靜下來再提出解決方法：

(1) 先冷靜：孩子們發生爭吵時，先讓他們做一次深呼吸，有時解決爭吵的方法是走開或讓步，讓幼兒先冷靜下來。

(2) 說理提出解決方法：告訴小朋友可以對同學講道理，不必有報復或仇視的行為。讓每個孩子心平氣和地說明爭吵的理由，再請他們提出解決的方法。

幼兒之間關係破壞也會干擾到班級活動進行，上述案例中教師以說理的方式，讓爭吵的雙方和好，解決幼兒感情破裂風險。

3. 疏離

疏離態度帶來班級關係的緊張，為使班級活動進行，教師帶領幼兒建立友善關係，避免破壞關係繼續存在。

(1) 制止嘲笑：櫻桃班有一位來自香港的小女孩，講話口音跟別人有差異，所以班上男同學會嘲笑她，老師得知後立即把男同學帶到一旁，要他們反省、讓他們知道這樣的行為是不對的！並且要求男同學跟小女孩道歉。

(2) 建立關係：羚羊班來了一位新生，新生的情緒起伏很大，某些時段就會開始鬧情緒，甚至躺在地上影響班上活動進行。而新生情緒一來有時候無法馬上安撫下來時，安安老師就會將她先帶離團體，適時安撫她，等她冷靜下來後再回到班上。安安老師也發現

這位小朋友哭的時候，眼神會去注意大人的表情。老師用溫和堅定的態度告訴她：「下次妳再躺在地板上，大家都不要理妳，直到我們回家！但如果妳不躺在地板上，一起上課，大家就陪妳學習好嗎？」事後，安安老師也對全班小朋友說：「怡安是新來的同學，因為她沒有人陪她玩、陪她學習，所以她才會躺在地板上，下次她不會這樣了！我們一起幫助她好不好？」安安老師的問題解決方式是觀察幼兒之後，再單獨與她討論並約法三章，然後幫助她與同學建立關係，讓班級活動不受到影響。

教師對幼兒之間的疏離態度加以改正，並且不允許班上有不友善行為出現，同時，幫忙幼兒之間建立友好的關係。

三、攻擊行為

攻擊行為意指傷害他人或以暴力或惡言相向，這是干擾行為中最不能被接受的，因為教師和家長都不希望有攻擊行為出現在幼兒園裡，尤其吵架或打人。

（一）常見的攻擊行為

1. 打人

當教師上課上到一半，若發生幼兒打人的事件，教師應先保持冷靜，停止活動，再處理事件，並重申規定。

◖實例分享

團討時，小熊班劉老師詢問小朋友：「你們看過了那麼多的帳篷後，你們最喜歡哪一種帳篷？」小朋友們很踴躍地回應，但因太踴躍班上有點吵雜，其中一位小朋友講的答案因為老師沒有聽到而沒有作回應。因此這位小朋友就生氣了，打了他旁邊的同學，並且

說：「你講話很大聲很吵ㄟ，老師都沒聽到我說的！」劉老師見狀馬上將活動停止，並且處理打人同學的情緒，也藉機會提醒小朋友應該怎樣正確回應老師的提問，劉老師說：「若老師沒有聽到而沒有回應，應該等其他小朋友發表完後再跟老師說，而不是用不正當的行為作回應。」劉老師確定小朋友都聽到之後，才又繼續回到活動討論。劉老師也處罰打人的小朋友站到最後一排，直到下課。

　　此例中，劉老師遇到打人的事件，自己先保持冷靜，不隨孩子的情緒起舞，再將事先訂好的規矩重新申明一次。

2. 抓頭髮

　　教室裡發生攻擊行為時，教師立即停止活動，處理好打人或抓傷人的事件後，才繼續進行活動。

實例分享

　　櫻桃老師以手偶講故事，故事生動活潑吸引孩子。故事講到一半，突然小莉大叫一聲，因為坐她後面的明泰用力抓她的頭髮。老師立即停止活動，問明泰為什麼抓她的頭髮？明泰說：「小莉聽故事時，頭搖來搖去，害我看不到手偶！」老師察看一下小莉有沒有受傷，再把小莉的座位調整一下，讓明泰可以看到老師的手偶，同時告訴明泰不可以抓同學的頭髮，因為會很痛，而且會讓對方受傷。等處理好抓頭髮事件，老師罰明泰站到最後一排，等故事講完再回坐。

　　此例中，當班上出現攻擊行為時，老師直接暫停講故事，指正小朋友，處罰肇事者並阻止錯誤行為再發生。

3. 撞人

小朋友活動力強、體力充沛，在室外迅速移動，教師會一再叮嚀，並禁止不可在走廊跑來跑去及快速移動，防止撞人的事件發生，但平時難免還是會有相撞的事發生。

實例分享

白兔班林老師有事請小班長幫忙，跟小班長說：「請你去辦公事幫老師拿一份白兔班的名單，等一會兒老師要看看有多少人還沒領到背包！」小班長走出教室向辦公室方向前進。他一出門就聽到一聲撞擊聲！林老師立刻出教室察看，看到兩個小朋友跌坐在地上，小班長看到老師，很生氣地指著對方說：「他來撞我的！」撞他的小朋友站起來說：「是你看到我，還故意走過來！」兩個人互相指責。

林老師面對小朋友的爭吵，並沒有馬上說出誰對誰錯，而是引導小朋友去發現問題所在，讓小朋友自我發現雙方的錯誤。林老師只問小朋友：「發生什麼事？」而不是說：「你為什麼撞他或是你有撞到他嗎？」讓小朋友去說發生什麼？林老師沒有任何的預設立場。

另外，林老師把小朋友「相撞」改成「不小心碰到」，也不直接幫小朋友解決，而是慢慢引導小朋友練習自己解決問題。同時，向小朋友釐清事情的經過，讓小朋友明白下次遇到類似的問題可以怎麼解決。過了一會兒，兩個小朋友達成共識，互相道歉化解紛爭。

在此撞人案例中，教師扮演「引導」的角色，使用很重要的引導技

巧，消除雙方的敵意，讓小朋友面對問題、解決問題。林老師在撞人事件中保持中立，不加油添醋促使衝突升高，或偏袒自己班的小朋友造成對立。

（二）資深教師對攻擊行為的看法

訪談資深教師面對小朋友攻擊行為應如何處理？資深教師們建議先紓解情緒，並給予合理的限制。

1. 紓解情緒

發現幼兒有攻擊傾向時，先幫他紓解情緒，或讓他宣洩情緒，如拿抱枕給他捶打，至少不會再傷害自己或別人，或幫助他學會冷靜下來，並告知不能打人。教師也要避免同學激怒他，對他喋喋不休的叨唸或威脅、嚇唬他。

2. 給予合理的限制

有時幼兒會出現攻擊行為是因為他們缺乏自我調適的能力，教師要接納孩子的情緒，但要給他合理的限制，如果是在特定的情況下，應該告訴他什麼是可行？什麼是不可行的？

教師面對幼兒的攻擊行為時，當下應先保持冷靜，需立即停止活動，並查看被攻擊的幼兒是否受到傷害？也要隔離肇事的違規者，再依班規施予處罰。

＼ 伍、結論 ／

從上述得知，三類的干擾行為以幼兒違規行為占大多數，也就是發生違規行為比破壞行為及攻擊行為多。

論及干擾行為發生的起因，違規行為在於幼兒本身如精力充沛、好

動、好奇及易興奮，而有非意圖性的違規行為發生。教師的因應方式為：讓幼兒有事做（小小老師、監督）或中止活動，再告誡，並宣導遵守班級規定。至於教師對破壞行為與攻擊行為的輔導方式，資深教師的處理方式是會找出原因，如幼兒情緒克制力弱，加上刺激而爆發。幼兒故意報復的行為不多，大都是幼兒一時情緒管控不當才釀成事端，教師處理過程中可先中止活動，讓滋事幼兒冷靜後，帶幼兒休息以避開攻擊持續發生，再施予處罰。

　　一般教師處理幼兒干擾行為的態度是立即性的（有的教師會採取「漠視」的方式，這也是因應策略之一）。教師一方面不讓干擾行為侵犯到其他幼兒的學習權；另一方面也為了公平起見，不偏袒犯錯的幼兒，避免家長之間互動比較，造成親師溝通難題。

　　曾有人指出教師包容幼兒干擾行為有多少，就可以看出教師對幼兒的愛有多少？但這樣的說法，對教師而言就太沉重了。因為教師都認同從事幼兒教育工作是一份神聖的使命，教師面對來自各個不同家庭的幼兒，設法跟不同的家長溝通，接納發展未臻成熟的幼兒，教師本具有專業素養，將會以專業來教導及輔導幼兒。然而一個班級不只一、二位幼兒，其干擾行為會影響到其他幼兒學習權利與機會，若一味地忽略或縱容，對其他幼兒是不公平的。「沒有規矩不能成方圓」，教師對幼兒干擾行為的包容度，會以教育專業的態度來處理及因應。

參考書目

胡永崇（2002）。學習障礙兒童社會情緒行為的發展及其輔導。**特殊教育文集，4**，173-217。

張春興（1989）。**張氏心理學辭典**。東華。

Kerr, M. M., & Nelson, C. M. (1998). *Strategies for managing behavior problems in the classroom* (3rd ed.). Merrill.

Melloy, K. J. (2001). Specific behavior challenges. In T. J. Zirpoli & K. J. Melloy (Eds.), *Behavior management: Applications for teachers* (pp. 340-391). Merrill/ Prentice Hall.

Chapter
7

分心行為之輔導

＼ 壹、前言 ／

　　教師對分心的幼兒說：「安安！把頭轉過來！你漂亮的眼睛看老師！」

　　幼兒好奇、好動、好玩，注意力不集中，也常常靜不下來。進入幼兒園會常聽到「注意聽」、「把頭轉過來」及「漂亮眼睛看老師」，教師的指令不斷地迴盪在校園中，因為教師正努力把分心的幼兒喚回來好好專注學習。幼兒維持注意力的時間不長又容易分心，分心的行為不只出現在課堂上，戶外活動更容易讓幼兒分心。分心造成幼兒學習不能專心，即使安靜坐在位置上，眼神也沒有正視老師上課；教師若提問題問幼兒，幼兒有可能答非所問或是愣在那裡，也常是因為注意力不集中。因此，教師隨時隨地無不渾身解數地要喚起幼兒注意，因為幼兒分心的行為不僅影響學習，更會中斷教師的教學，幼兒分心的行為挑戰著教師班級經營的能力。

＼ 貳、分心的概念 ／

　　有研究指出，學習的成效與學習者注意力的長度與廣度有關（林宜親等，2011），分心指無法集中注意力，若學習時分心就無成效可言，

與「分心」相反的是「專心」與「專注」。

一、分心

分心意指在一定的時間內無法專注所面對的人、事、物或訊息，也就是注意力不能集中在既定的對象或訊息上。分心的外顯行為有的是東張西望，或身體動來動去，或是意圖找人說話。分心也就是該注意時眼卻不見、耳不聽，也無法在一定的時間內完成任務。

本文中的「分心」是指一般幼兒參與班級活動或課堂中學習無法專注教師的教導或指令，但在此不特別指注意力缺失症（attention deficit disorder, ADD）幼兒表現出來的分心行為。

二、專注、專心

「專心、專注」與分心是相對的，兩者都是把引起分心的訊息摒除掉。《親子天下》雜誌（2018）曾指「專注」及「專心」是由大腦的兩個不同區域掌管，都是學習時所必需的。

專心與專注共同點在集中心力於一事，「分心」就會不專心，更不會專注。幼兒專注力不足，專注的時間短，當教師教學的時間拉長，內容範圍加大時，幼兒就容易分心，更無法專注與專心學習。因此，教師要判斷造成分心的原因，並找出讓幼兒專心與專注學習的方法。

參、影響幼兒分心的因素

一、外在因素

外在的因素如環境會造成幼兒分心，教師要設法解決。若能移除干擾源是上策，若無法移除，教師就得設計活動避開環境中的不利因素。

筆者過去輔導過一所幼兒園，學校鄰近機場，當飛機起飛或降落時，飛機轟隆轟隆聲蓋過老師上課的聲音，幼兒無法集中注意力聽老師上課。

　　這所幼兒園的蔡老師說：「飛機聲音大，通常我們會暫停活動，等過了再重複剛剛的事，也順便請幼兒摀住耳朵張嘴巴，躲過太大的聲音。」雖然教師找到因應方式，但是對幼兒而言，他們反而覺得好玩，事實上幼兒的學習被中斷了！

　　另外，該幼兒園是國民小學的附設幼兒園，教室跟小學毗鄰或是使用小學部第一、二層樓的教室，而操場共用。幼兒園為避免小學部的大哥哥大姊姊在操場橫衝直撞會撞傷幼兒，幼兒園與小學部下課時間不同步。每當下課鈴聲一響，小學部的學童就從教室蜂湧而出，在幼兒園走廊外面奔跑追逐大肆喊叫，這些噪音幾乎淹沒幼兒園上課的聲音。這些現象儼然成為常態，並且讓幼兒分心。蔡老師的因應方式：「會勸小學部同學離開教室周邊或關閉門窗！」但仍然影響幼兒不能專心上課。

　　有時外在環境的聲音太大、或是外在的吸引力太強，導致幼兒在上課時無法注意聽。若是這些大環境因素造成幼兒分心，並非教師個人可以排除的，即使如此，教師也只能找方法因應。

二、內發因素

　　除了外在的因素，內發因素是指幼兒個人因素如情緒、身體狀況及家庭教養造成的學習態度等也是導致分心的原因，此時就需要透過教師輔導與引導來幫助幼兒集中注意力學習。

（一）家長教養偏差

1. 期望過高

　　家長對自己的孩子期待過高，要求孩子不能輸在起跑點，以撒錢的方式安排幼兒無縫接軌地多元學習，因為家長認為自己的孩子無所不

能,可以接下各種才藝課。在家長的要求下,學校只好安排每半小時換一門課:英文課、MPM、桌遊課、芭蕾舞、陶藝、直排輪等。幼兒待在教室上課,一心就是等著趕場換課,根本無法專心上課。筆者到幼兒園走訪時,驚見幼兒拖著書包奔跑各才藝教室!有一次筆者把幼兒攔下問:「你學這麼多,還記得學到什麼嗎?」幼兒直截了當地回答:「不知道!」在這種情況下幼兒即使人坐在課堂裡也不能專心學習。

幼兒為迎合家長的期望,不得不接受多元學習的安排,幼兒只知道要把安排的課上完,應付家長追問:「今天上了××課沒有?」幼兒點點頭就過關了,家長也沒有去了解幼兒上這麼多課能否專心學習與理解。

2. 家長縱容

父母的教養方式自由放任或是不管不顧,也會直接或間接影響幼兒學習是否專注。

柏林上課總是坐不住,通常坐不到五分鐘身體就動起來,他不能靜下來學習也不想上課,因為他的父母讓他有充分的選擇權,學習或不學習由自己決定。柏林若不想上課就不理會老師,做自己想做的事(第十一章的〈親師互動雙贏策略〉會再提),像這樣無視老師的教學,更不用說可以專心學習。

3. 家長忽視教養

造成幼兒分心或不能專心學習的原因,有時也來自家長忽略幼兒的教育。有些家長只把幼兒園當作「顧小孩」的地方,或家長無力照顧,把教育責任丟給幼兒園教師。白兔班的小翔來到幼兒園,每天神情渙散無法用心上課,因為祖父母及父母從事廟會布袋戲工作,有廟會活動的日子,全家出動演布袋戲,也把小翔帶在身邊。廟會布袋戲活動都排在晚上,演完回到家已經半夜二、三點了,小翔回到家才能睡覺,隔天再

由阿嬤帶到學校吃早餐。小翔因為睡眠不足，整天昏昏沉沉無精打采，坐在椅子上也能睡著，上大肌肉活動一副懶洋洋地不想參與，每次都是大蔡老師押著他上場，上課期間也不跟同學互動，一整天無法集中精神學習。當大蔡老師跟家長反應，提到小翔要上小學了，基本的數數不會，口語表達能力不足，擔心他無法銜接小學的學習，家長卻好像不是很在乎。大蔡老師認為目前能做的就是顧好小翔在幼兒園的學習。

（二）幼兒本身因素

幼兒本身的因素如健康狀況也會造成他們分心，像是幼兒身體不舒服、肚子餓或沒睡飽，會讓幼兒無法專注上課；有的幼兒視力聚焦出現問題，也會無法集中注意力。另外，幼兒若無法承受太大壓力，在無力抗壓下心神不寧容易分心；情緒起伏太大或過度敏感也無法靜下心來學習。以上所提是幼兒自身的因素造成無法專心學習，教師需盡可能提供協助，並與家長溝通提升幼兒學習成效。

＼ 肆、班級經營策略的運用 ／

幼兒本身克制力有限，無法長時間集中注意力學習，教師需應用策略來維持幼兒學習的專注力，接收教師傳遞的訊息。

一、善用指令

每天最挑戰教師的時刻是大肌肉活動結束後，幼兒心浮氣躁地回到教室。為把幼兒發散的心思收回來，通常教師會以「帶動作」的指令或發號口令讓幼兒回神進入課堂活動。

實例分享

實例一

　　大肌肉活動結束後，幼兒擦完汗喝完水，進入教室預備參加團討。熊熊班團討時間一開始，幼兒紛紛在團討區坐下，張老師帶著在位置坐好的幼兒做動作。張老師說：「請你跟我這樣做。」幼兒回應：「我會跟你這樣做。」張老師開始用聲音提示孩子動作，「拍手、拍手、拍腳。」慢慢地，張老師用肢體動作替代語言，等到幼兒們慢慢地靜下來坐下，也專心配合老師的指令做動作，再開始團討，這時張老師已把幼兒分散的心思拉回來一大半了，幼兒專注教師的指令進入新的學習。

　　另外，林老師分享她用過的一招很有效，就是幼兒一進教室，下指令讓幼兒先深呼吸三口氣，接著請他們看著天花板、看地板、看黑板、摸摸桌子、摸摸書本，每個動作約三到五秒。林老師解釋利用這些指令做動作一方面是讓兒童靜下心來，另一方面藉由這些指令讓幼兒明白此時已經在教室裡了，而不是在外面遊玩。

　　教師下指令的實際效果又如何？新手教師觀摩資深教師的做法，發現的確有用，請見實例二的分享：

實例二

　　湯湯老師分享：「我覺得我在教學上最欠缺的就是不知如何集中小朋友的注意力，雖然訂定自己上課的口號，但過沒多久就會失效。今天觀察學習到了這一點，李老師在每個活動開始前都會先讓小朋友集合在團討區，唸手指謠或做小互動，例如李老師說：『請

你跟我這樣做！』小朋友說：『我就跟你這樣做！』之類的小互動，讓小朋友注意力集中在李老師那裡，之後再進行課程內容，我發現這個方法除了可以培養小朋友與老師之間的默契之外，還可以達到自己想要的效果，我在李老師身上學到我想要學習及加強的地方，真的很開心！」

　　在幼兒園班級裡常見到這些場景，教師為了讓幼兒不分心，先讓幼兒集中注意力，幼兒靜下心來之後再進入學習。

二、發號口令減少分心行為

　　教師用指令「帶動作」是讓幼兒收心的方法之一，類似的發號口令也能達到相同的效果。如幼兒分心時，教師對著幼兒說：「眼睛看前面、小手擺後面、耳朵注意聽！」

　　在師生互動上，教師常透過口令遊戲的方式吸引幼兒注意力，例如教師說：「麥當勞。」小朋友將雙手放在頭上，比出 M 字型；「肯德基。」小朋友雙手彎曲，像公雞一樣拍動翅膀；「Seven-Eleven。」小朋友的手指比 7 和 11 等動作，教師一個口令就能讓小朋友依照口令做動作，幼兒們樂在其中，也在過程中有效地收心。

▸實例分享

實例一

　　企鵝班團討時因幼兒討論過於興奮，老師說：「大眼睛。」幼兒回應：「看老師。」老師說：「小嘴巴閉起來！」有時老師利用拍手來吸引幼兒的注意。筆者私下問楊老師：「這個默契是如何培養出來的？」楊老師說：「一開始會與幼兒玩『請你跟我這樣

做』，然後改成無聲的版本，所以當幼兒在吵鬧時，利用這個方式來吸引幼兒的注意力，讓幼兒跟著教師一起做動作，幼兒就會安靜下來，接著再提醒幼兒：『這是我們的約定。』然後再繼續往下的課程。」

另一種是教師用一問一答的方式引起幼兒的注意，如下的實例二：

實例二

蔡老師先問幼兒有關小動物的叫聲，再讓幼兒回應動物的聲音，之後幼兒跟著蔡老師的口令回應及做動作：

老師問：貓咪怎麼叫？

幼兒答：小貓！小貓！喵喵叫！

老師問：欸！青蛙！青蛙！怎麼叫？

幼兒答：青蛙！青蛙！呱呱叫！

老師問：小狗！小狗！怎麼叫？

幼兒答：小狗！小狗！汪汪叫！

老師問：小手！小手！怎麼叫？

老師教：小手！小手！拍拍叫！

幼兒答：小手！小手！拍拍叫！

小朋友們一邊回答一邊拍手。

老師問：小腳！小腳！怎麼叫？

老師教：小腳！小腳！踏踏踏！

幼兒答：小腳！小腳！踏踏踏！

小朋友們一邊回答一邊踏步。

老師問：欸！螞蟻！螞蟻怎麼叫？

老師教：螞蟻！螞蟻！不會叫！

　　幼兒答：螞蟻！螞蟻！不會叫！

　　老師說：請安靜地坐下來！看老師！

　　教師要有效地運用口令讓幼兒收心集中注意力，在平時就要建立師生之間的默契，當發現幼兒分心時，教師將口令帶入，幼兒才能馬上領會把眼光重新收回到教師的身上。

三、以技巧消弱分心

　　由於幼兒自制力比較差，不善於控制自己的注意力，在教學活動中經常有注意力分散的現象。這時教師可以藉用唱名、複誦、中斷上課來消弱幼兒的分心。

（一）直接消弱分心行為

　　教師為了避免幼兒不專心，會直接消弱幼兒分心行為以避免影響到其他人學習。教師一遇到幼兒分心，會立即糾正小朋友，例如：

1. 叫他的名字和號碼提醒；或叫幼兒的名字，然後問他怎麼了？
2. 請幼兒複誦剛剛老師說什麼？或請他分享剛剛所說的。
3. 請他把手放頭上，覺得可以安靜了再放下來。
4. 到旁邊休息：當幼兒分心的行為影響到別人，教師請他到一旁休息，並告訴幼兒，他的行為已影響了上課的秩序。
5. 突然安靜下來，引起他們注意。
6. 大家討論解決分心的問題。如果大部分的孩子都不專心，教師應該將問題拋出來，由班上所有的小朋友來討論如何解決，在討論過程中給小朋友一些時間想，再讓他們將想法講出來。

（二）中斷上課停止分心

　　資深的曾老師認為當孩子分心了，原則上不急著上完課程，以免忽略了孩子學習的成效；吳老師對於分心或沒在參與學習的幼兒，她的回應：「可能在我教學的時候，小朋友分心了，我就會停止我上課的方式，換另外一種教學方式來吸引小朋友的注意力回到我的身上。」張老師認為在學習過程中，幼兒如有吵雜、不專心的狀態時，也會使用暫停課程（要幼兒將眼睛閉上 30 秒……等等）的方法來讓幼兒安靜下來。她說：「我覺得這樣的做法很好，也讓幼兒知道有品質的學習是需要每一個人的配合！」

　　中斷上課讓幼兒即時了解到，因為他們不認真上課，老師也上不下去，需要幼兒停下來想一想，專心之後再重新上課。

（三）以教學轉移分心

1. 以手指謠引起注意

　　手指謠最適合教師與幼兒互動及上課使用，「手指謠」的原文：finger play 即指為引起幼兒學習興趣，結合手與動作，配合歌曲及口語設計活動而來，也是吸引幼兒注意力的最佳媒介。手指謠的內容可以取材自幼兒生活周遭事物，包含身體、動植物及遇到的現象。手指謠使用的時機，可以是在上課前引起動機，配合上課內容（主題）提升教學成效，最重要的是運用在班級經營上幫助幼兒不分心。

實例分享

實例一

　　課堂上，陳老師要教小朋友計數 1 到 10 朵花，數一下子幼兒

就不專心了，這時陳老師帶入手指謠。

老師：跟我一起唸！小小的田種小花，灑灑水開小花；中中
　　　的田種中花，灑灑水開中花；大大的田種好多花，一朵
　　　花、二朵花、三朵花、四朵花、五朵花、六朵花、七朵
　　　花、八朵花、九朵花、十朵花。

幼兒：小小的田種小花，灑灑水開小花；中中的田種中花，灑
　　　灑水開中花；大大的田種好多花，一朵花、二朵花、三
　　　朵花、四朵花、五朵花、六朵花、七朵花、八朵花、九
　　　朵花、十朵花。

老師：小白兔有一個大大的田，種幾朵花？你們猜！

幼兒：十朵花。

老師：哦！總共有十朵花，一朵花、二朵花、三朵花、四朵
　　　花、五朵花、六朵花、七朵花、八朵花、九朵花、十朵
　　　花。哇！開得很漂亮對不對？（老師拿出花的圖片）

幼兒：對！

老師：有一天誰來了？（接著老師拿出老虎的圖片貼在白板
　　　上）

幼兒：老虎。

老師：老虎來了看到好漂亮的花，說：「我要摘幾朵來給我的
　　　媽媽，趁小白兔去忙的時候，偷偷摘一朵回去好了。」
　　　十朵花被摘走了一朵剩下幾朵？

幼兒：九朵花。

老師：變九朵那小白兔怎樣？

幼兒：哭哭！

陳老師利用手指謠幫助幼兒收心，達成學習的目標。

實例二

　　蔡老師也是利用手指謠讓幼兒收心並輔助教學。蔡老師跟幼兒談要如何防範登革熱？蔡老師請幼兒提出看法時，一開始大家都很熱烈，但十五分鐘之後，有的幼兒開始分心、東張西望。這時蔡老師用「小蚊子」的手指謠，讓幼兒唸及做動作，加深幼兒對蚊子引起登革熱的警覺心，並讓他們專心學習。

　　蔡老師先帶領幼兒討論蚊子令人討厭的經驗，再加入登革熱的議題。蔡老師拋出問題：

　蔡老師：你覺得蚊子會令你生氣嗎？為什麼？有被蚊子咬過的經驗嗎？結果會怎樣？蚊子會發出什麼聲音？蚊子喜歡什麼時候出現？

　　團討：要如何才能消滅蚊子？蚊子會住在哪裡？怎樣才能避免再滋長？如何隔離登革熱病患？

　　幼兒對蔡老師提出的問題紛紛發表意見，蔡老師做了一些回應後，接著說明小蚊子手指謠內容及配合的動作：

(1) 幼兒身體可以移動，到處飛舞，嘴巴發出「嗯」的聲音。往前飛，飛往高處，往低處飛，自轉一圈。聽到「碰」一聲，要是被拍到，就要馬上倒地。

(2) 停在別人身上，「拍死蚊子」碰。

(3) 停在自己手上，碰，自己拍蚊子。

(4) 唸到「飛」時，就可以隨意飛舞，X表示停止動作。

　小蚊子手指謠：
　小蚊子　小蚊子　飛 X。

　　小蚊子　　小蚊子　　飛飛 X。

　　小蚊子　　小蚊子　　飛飛飛 X。

　　小蚊子　　小蚊子　　嗯～ X 碰！死翹翹（做出拍蚊子動作）。

　　當幼兒拍蚊子，蚊子死翹翹後幼兒就要安靜下來，看著老師。這活動除了讓幼兒動一動外，也是讓幼兒安靜下來專心上課。

　　教師平時可以多預備一些簡單的手指謠，遇到幼兒分心時，就能派上用場，各式各類的手指謠，可依幼兒的喜好或上課的主題或情境選擇使用。

2. 以有趣內容拉長專注力

　　幼兒注意力的最大特點是不穩定、易分散。當孩子面對沒有興趣或做不到的事自然容易分心，教師可以有趣的內容拉長幼兒專注力。當訪談柯老師用什麼方式讓孩子集中注意力？柯老師認為要以有趣的內容吸引孩子，而且時間不能太長。

　　柯老師說：「先吸引小孩子的注意力再慢慢導入主題，例如在教孩子認識刷牙，就會說一個刷牙的故事，讓他先對這個主題感興趣之後再導入內容，同時，時間掌控大約以十分鐘為一個段落。其實，孩子能夠在這一段時間內專注聽就很不容易了。」

3. 以輔具提升專注

　　幼兒分心時，教師還可利用一些輔助教具幫助幼兒重新集中注意力上課。

(1) 使用樂器收心：教師利用輔具，如以手搖鈴幫助幼兒收心。在幼兒園一天當中會有數次集合小朋友的機會，教師以輔具介入幼兒的分心，讓幼兒可以專注地重新投入活動中，並延續到活動結

束。資深林老師也建議教師上課的時候，可以利用鈴鼓拍打節奏來吸引孩子，並且配合歌謠來集中幼兒的注意力，因為在過程中幼兒也會跟著唱，而且在教師的帶領下，幼兒得要跟著教師的步調前進。

(2) 播放收心音樂：幼兒無法專注學習是教師教學的極大挑戰，培養幼兒專注力不僅可以改善班級常規，更可減輕教師班級經營負擔，提升教學品質。教師可以播放音樂讓幼兒在優美旋律中靜下心來上課，音樂的選擇最好是孩子熟悉的、又能配合到主題的音樂。

實例分享

　　吳老師在課程開始會用音樂讓一群很興奮的幼兒安靜下來。吳老師開始上課，先播放「綠鋼琴」請幼兒靜坐，讓幼兒閉上眼睛聽音樂，接著幼兒隨著吳老師的口令做動作，吳老師輕聲地說：「請把眼睛閉起來！」、「耳朵仔細聽！」、「有流水的聲音嗎？」隨著緩慢的旋律，紓解幼兒躁動的情緒。吳老師在幼兒靜下來收心後，帶領幼兒迎接接下來的課程。

　　教師配合音樂旋律，讓幼兒傾聽及做動作，消解幼兒躁動靜下心來學習。因此，教師利用播放音樂提高幼兒學習專注力，也讓幼兒的學習變得快樂。

(3) 認名卡收心：草莓班的團討時間，部分幼兒還是處在缺乏注意力的情況之下，張老師在發放活動闖關卡時，請幼兒自己認名；張老師不叫幼兒的名字，而是讓幼兒專注地用眼睛看卡片上的名字，把浮躁的心收回，做當下該做的事情。

4.轉銜時間減少分心

　　轉銜有「轉換」和「銜接」的意思，指從一種狀態轉換銜接到另一種狀態。轉銜時間也指活動與活動之間的轉接時刻，這時刻幼兒最容易分心。教師宜安排適當的活動串聯（簡楚瑛，1996）：

(1) 在室外活動時讓幼兒坐下來、蹲下或靠牆等待。

(2) 在室內活動時，利用唸兒歌、口訣、唱歌謠、模仿聲音來維持秩序。

(3) 進入課程時，利用樂器、音樂、節奏讓幼兒靜下心來專注上課。

(4) 帶動作或玩遊戲轉換分心。

　　Beaty（2006）認為在轉銜時刻應提供幼兒簡短有趣的活動，如唸謠、律動、手指謠或數數等用來作轉銜活動。當然，她也建議盡量減少全班性活動的轉銜次數及幼兒等待時間，以降低幼兒的分心（Beaty, 2006）。

實例分享

　　在轉銜時間幼兒最容易分心，因此教師要讓幼兒有事做，同時把上課的步調走快些，讓幼兒來不及分心。以下觀察到班級老師的做法有：

(1) 收心動作：以小朋友們熟悉的動作，並能配合主題的題材為主，帶動作或手指搖。

(2) 中止：課堂上有孩子不專心並影響到其他人，教師先中斷課程，加以糾正，例如告訴孩子他的行為已影響了上課的秩序。

(3) 課程節奏快：課程安排的節奏快是因為孩子的耐心及專注度大約只有十五分鐘，如果要在三十分鐘內進行同一性質課程，中

間最好能有收心動作，藉以轉換孩子浮動心情以便進入下一個
階段。

5. 不同取向教學增強專注力

　　幼兒教育的教學方法比各學年階段的教學更活潑、有創意，而各學
派的幼兒教育理念大都主張不以成人的方式教幼兒，倡導給幼兒自由發
展，強調經由環境或教法提供幼兒探索、發現學習的機會，培養具創造
力又有解決問題的能力以發揮潛能。有關培養幼兒「專注」學習，不同
教學取向有其獨特的教法。以下呈現在實務現場所見的兩種教學取向培
養幼兒專注的方法。然本文不探究該取向的教學理念，或對這兩種教學
作價值評斷。

(1) 華德福教學：採訪華德福梁老師對幼兒分心如何因應？梁老師認
　　為分心對孩子來說是很正常的，面對分心的孩子，梁老師會親自
　　帶孩子做，訓練孩子的專注力（以華福德的教育方式），例如藉
　　由觀察蝸牛的觸角、爬行等，以觀察大自然的事物來吸引幼兒，
　　這種方式教下來，很少幼兒會不感興趣，自然而然專注的習慣就
　　建立起來。

(2) 蒙特梭利教學：蒙特梭利教育著重平時全方位的培養幼兒專心學
　　習不分心，蒙特梭利教學最大的特色是藉由教具操作，讓幼兒融
　　入活動中培養專注力。

　　　　在蒙特梭利幼兒園的課堂上，教師會採取一些措施幫助幼兒
　　專注。大致以學習區教學設計任務，讓幼兒練習專注。例如教師
　　提到培養幼兒生活自理能力時，就會訓練幼兒專注。

　　A. 換穿衣物：換穿衣物這個動作孩子必須很專注才能完成，且孩
　　　　子了解衣服的正面及反面、有扣子類型的衣服，也讓孩子學會
　　　　一個洞口扣一個扣子，這也是訓練專注力的方式之一。

B. 與教師的對話：幼兒園內的教師，以輕聲細語的方式與幼兒進行對話，如果孩子不注意聽就會聽不到，也不了解教師說的是什麼意思。

C. 手工方面：讓幼兒用筷子夾豆、繩子穿洞、纏繞毛線，這些任務不但可以訓練孩子大小肌肉的發展，也能藉此訓練專注力。

D. 觀察大自然：讓幼兒觀察大自然中的動植物、觀察每一天不同的變化，不僅能讓孩子對觀察的事物感興趣，也能從中學習大自然的生態，而觀察本身就需要專注。

四、漸近式培養專心的習慣

幼兒注意力不集中、易分心，是很多孩子具有的特點。年齡愈小，控制注意力的時間愈短。張老師對於注意力不易集中的孩子，建議可進行一定的具體訓練，以提高注意力，適應課堂生活。例如，從十分鐘專心做一件事，到十五、二十分鐘等等逐漸加長，但也要給孩子適度的動態活動時間，不讓幼兒覺得很悶和無聊。

＼ 伍、幼教師經驗解答 ／

這一部分訪談幼教師對幼兒分心的態度及因應的方式，以下列出資深教師看待幼兒分心行為及處理方法。

一、教師對幼兒分心的看法

蘋果老師認為對學習分心的幼兒要先了解是精力充沛，或是本身就有注意力不集中的問題，才能對症下藥：

第一，有可能孩子精力較旺盛，建議不妨多帶幼兒跑跑跳跳消耗體力，或是讓他上一些動態的課程，例如：打擊樂、直排輪、游泳課等。

　　第二，如果孩子分心情況是從小就這樣，建議不妨多和家長聊聊，釐清可能造成孩子注意力不集中的問題，進一步了解是否需要諮詢醫生或是上一些比較特殊的課程來讓他改善。（大部分的家長比較不能接受小朋友要上醫院檢查，需要讓家長知道這些療育課程對孩子無害，這並不是丟臉的事！）如果是過動兒，會有注意力不集中、坐不住及暴力行為（大部分），自閉症的孩子也會有注意力方面的問題，有的則是情緒控制的問題，需要找醫療機構或特教資源提供支援。

　　訪談宋老師對於分心或不參與教學的幼兒，宋老師的反思回應：「我會去探究原因，若是幼兒對課程沒興趣，那就尊重他，但是他不能打擾我上課。如果他參與在其中卻還是聽不懂，例如：上團討課程時，中班比較聽不懂，我就會調整課程活動，要盡量讓所有幼兒有參與的感覺。」

二、教學中提升專注力

（一）增強專注行為

　　若教師的教學無法引起幼兒注意，使幼兒分心或未能參與學習時，教師如何因應？企鵝班陳老師提出建議：

1. 增強幼兒好行為，例如專心上課的幼兒給他貼紙、集點數、讓幼兒第一個看繪本。
2. 鼓勵幼兒專心行為，如：「我喜歡○○寶，因為他認真聽故事。」
3. 教師事後要檢討，是否因為活動太難達不到預期效果，需視情況降低活動難度。
4. 用吸引幼兒的道具，引起幼兒注意。
5. 讓幼兒重複練習加強專注力。

（二）幫助特殊幼兒融入班上

1. 接納他，因幼兒有個別差異，需適性教學、因材施教。
2. 全班在做一樣的事情時，讓特殊幼兒做一件他可獨力完成的事情。
3. 在上課時，讓搭班老師陪他一起上課。
4. 因為是混齡班，需設計不同內容的學習單給不同能力的孩子，以符合個別差異學習。

（三）增強課堂專注力

在教學時，發現有幼兒沒在注意教師教學，這時教師該如何解決？林老師以省思的方式來回應這個問題，林老師分享：

1. 暫時忽視幼兒情緒。林老師說：「這是每一間學校都會發生的事情，小朋友個別差異很大，或是小朋友今天不舒服、心情不好、與同儕之間的相處不好。有很多很多的情緒因素造成，當小朋友有這些問題產生的話，我會選擇一開始忽略他、不要太去注意他，因為他有自己的情緒，可以先讓他緩和一下，或許他只是想引起你的注意而已。」
2. 重視個別差異。林老師說：「在教學部分，幼兒分心有可能是這個教學無法吸引小朋友的注意，或是對小朋友太難，小朋友注意力就無法集中，而我一直強調小朋友的個別差異是很重要的，這個平常就要去觀察小朋友並做紀錄，或是換個方向，不要一直著重於自己的教學，可以利用肢體動作來吸引小朋友的注意力。」

三、處理幼兒分心小撇步

大陳老師分享班級經營之小撇步，減少幼兒分心：

1. 課程轉換之間，利用音樂來提醒幼兒。

2. 當幼兒過度興奮時，可以利用拍手或是一些手指謠來吸引幼兒的注意。

3. 事先讓幼兒知道接下來要做的事，才不會無所適從。

4. 口氣溫柔而堅定。

5. 提問題並引用語明確，引導幼兒回答。

6. 可以利用幼兒想當小幫手的心態，先預告有好表現的幼兒可以當，這樣一來幼兒分心的行為就會減少。

上述的資深教師對幼兒分心的行為，會以省思的態度作處理，如探討幼兒個別因素，給予幼兒更多的理解與尊重，而不是直接處罰幼兒。

＼ 陸、結論 ／

分心是幼兒最常見的行為，分心行為不似突發的干擾行為對教師帶來大挑戰，但也在教師的班級經營上造成困擾。教師對幼兒分心問題的處理大都能駕輕就熟即時因應，通常會先了解形成分心行為的原因，再找出因應的策略，並且在教學前與教學過程中注意幼兒們是否有專注的學習。教學前教師會運用手指謠及口令讓幼兒的注意力聚焦，也會藉助於教具或輔助器材引起幼兒注意；在課程中會以有趣的內容吸引幼兒專注。教師會轉移幼兒分心朝向目標，盡量讓幼兒完成（有事做），如眼目集中、耳專心聽、暫時閉口不言。教學是一門藝術，班級經營最終的目的在幫助教師順暢的教學，幼兒才能有效學習。

參考書目

林宜親、李冠慧、宋玫欣、柯華葳、曾志朗、洪蘭、阮啟弘（2011）。以認知神經科學取向探討兒童注意力的發展和學習之關聯。**教育心理學報，42**

（3），517-542。

臧瑩卓（2011）。幼兒園教師班級經營策略運用情形之研究。**幼兒保育學刊，9**，17-36。

親子天下（2018，9月13日）。**別把專心與專注混為一談**。2023年8月4日，取自 https://www.parenting.com.tw/article/5071130

簡楚瑛（1996）。**幼稚園班級經營**。文景。

Beaty, J. J. (2006). *50 early childhood guidance strategies*. Pearson.

Doyle, W. (1986). Classroom organization and management. In M. Wittrock (Ed.), *Handbook of research on teaching* (3rd ed., pp. 113-127). Sunny Press.

Chapter 8　扮演好幼兒間之仲裁者

＼ 壹、前言 ／

　　幼兒告狀這種事常在幼兒園發生，當幼兒大事小事都來告狀時，教師仍要扮演好仲裁者的角色，因為在幼兒的心目中，教師是最值得依靠及信賴的大人，可以判斷是非對錯、做公正的裁判；幼兒告狀時，教師能讓幼兒抒發委屈，幫他們化解不公平的對待；當幼兒被欺侮時，教師還能為他們伸張正義。一旦幼兒遇到紛爭，第一個想到的就是找老師仲裁判斷是非解決問題！通常教師不喜歡幼兒告狀，因為告狀被認為是「沒事找事」，給老師添麻煩，但幼兒的告狀頻頻發生，教師需要扮演仲裁者的角色向來是無法避免的。教師若要減少幼兒之間的告狀，讓幼兒心智更成熟、能獨自面對自己的問題，並學習解決問題，就得動動腦筋將每天告狀的頻率降低。因為，幼兒園教師不僅要教學、做行政事務與親師溝通外，還要面對幼兒無時無刻的告狀，實在忙碌。教師該如何回應幼兒的告狀？並減少幼兒的告狀呢？

＼ 貳、告狀的概念 ／

　　教師在處理幼兒的告狀之前，有必要先將「告狀」的概念釐清，因為跟告狀相似的行為「打小報告」也是教師常面對的問題。當教師釐清

「告狀」之後就能公正處理，回應幼兒的告狀。

● 一、告狀的定義

「告狀」指幼兒向教師訴說自己或見到別人受到的委屈，期望能獲得公平的對待。這裡的委屈指告狀的幼兒認為自己未受到應有公平的對待，如個人的權利受損，或是覺得被別人虧待，或是未得到該有的重視，甚至被貶抑、被誤解，卻無從辯解或難以澄清。同時，當幼兒告狀時，所隱含背後行為有可能是想要讓教師了解他受到的委屈，或接受他見義勇為的行為，或是只為了引起教師注意。

● 二、告狀的相似概念

與「告狀」相似的有「打小報告」。在意義上，「告狀」是幼兒受到委屈後為了「伸冤」而表現出來的行為，「打小報告」是幼兒私下向教師傳遞不為人所知的訊息；在目的上，「打小報告」指幼兒為了得到信任，跟教師報告不為人所知的新訊息，「告狀」是幼兒覺得受到委屈後，需要教師立即處理他們所受的委屈；在結果上，「告狀」後教師視其嚴重性作處理，為避免幼兒受到傷害，教師會立即處理，至於「打小報告」，教師可以擱置或不採取任何行為，或對傳遞的訊息作選擇性的回應。

有些初任幼教師為掌握班級狀況，樂意接受幼兒打小報告，提供老師不知道的訊息。適度打小報告可以，打小報告可能會有一時之效，但也可能影響到幼兒是非價值的判斷。現代社會需要的是具有創新思維和創造能力的人，只有在寬鬆、和諧的氛圍中，人才會有個性、潛能的釋放與發展，靠「火藥味兒」很濃的「管、卡、壓」是培養不出現代人才的。班級經營是一種藝術，需要教師有創新思維和創造能力，同時，需要考量到幼兒在受尊重、和諧的氛圍中成長，也要培養是非判斷的能

力。本章的焦點在教師遇到幼兒「告狀」時，如何公正裁決並減少不必要的「告狀」。

參、仲裁者的角色與功能

當幼兒向教師告狀時，教師就要扮演仲裁者為幼兒判斷是非對錯，為他們解決問題。

一、仲裁者的角色

何謂仲裁者？在《漢典》（無日期）定義中，仲裁是指公認的第三者，在發生爭端的兩方之間進行裁定公斷，也就是只有在雙方發生爭執時，將爭執事情交給第三者，請他進行評斷或裁決。因此，仲裁者主要的任務在化解爭吵、紛爭或解決問題。當爭吵停止或問題解決之後，仲裁者的功能就消失了，調解的角色也不再出現。

二、仲裁者的功能

（一）調解

在爭執或紛爭發生時，仲裁者在兩造之間扮演調解者的角色。仲裁者的立場是中立的，不能偏袒任何一方，下判斷時必須是公正的，這樣的仲裁者才會讓爭吵的雙方得到信賴，幫他們調解紛爭。

（二）解決爭議

當兩方發生爭議或爭端時最需要仲裁者化解，例如教師讓幼兒選擇學習區進入學習，若幼兒都要進娃娃區或積木區，教師規定進入學習區的條件，若發生爭議幼兒來告狀，教師依憑規定解決爭吵。

（三）具約束力

　　仲裁是以雙方當事人自願解決爭端為前提，當兩名幼兒發生爭吵爭相告狀，並請教師裁決時，判決的結果都可以約束雙方，並且雙方都要遵守裁決後的結果。例如，兩名幼兒在積木區裡搶積木發生爭執，B幼兒堅持他先到應該輪他先操作，但A幼兒認為是自己先把名牌放在積木區的。雖然B幼兒比A幼兒早到積木區，但他沒掛名牌，最後教師作判決，讓A幼兒先操作，B幼兒要遵守判決的結果。

　　幼兒園的仲裁者通常會是幼教師或教保人員，因為他們最貼近幼兒身邊，也最了解幼兒的需求。當幼兒發生爭吵或受到委屈，感覺被不公平對待時，幼兒情緒就要爆發，為讓委屈得到解決，他們需要找到具有權威、有能力解決他們問題的有力人士幫忙，這時出現在他們身邊的教師或教保人員就是最佳的仲裁者，也因此幼兒園裡的教師及教保人員會常常遇到幼兒告狀。

＼　肆、告狀的緣由　／

　　當幼兒來告狀時，教師要判斷哪些事需要調解？哪些事不需要調解？教師也要知道為什麼要介入調解？介入調解要調解到什麼程度？或者讓幼兒學習自行解決問題，進而消除一再地告狀。當然，在化解告狀之前，教師應抱持客觀的心態，先了解幼兒為什麼告狀，才能找到合適的調解方法。

　　教師扮演幼兒之間的仲裁者，常要解決的問題就是幼兒的告狀，告狀的內容對教師或教保人員而言都是無關緊要的瑣碎小事；幼兒卻一本正經當作重大事件，要求成人處理。教師要扮演好仲裁者的角色，首先需了解告狀的緣由才能找出因應對策。幼兒告狀的原因可分為兩種，一

種是幼兒本身的特質，另一種是因外在事端（多指意外、糾紛）引起，
讓幼兒不得不告狀。

一、幼兒本身特質

有時告狀與幼兒本身特質有關，例如，幼兒希望透過告狀得到大家
的肯定，或者熱心班務讓自己對班級更有隸屬感。

（一）人格特質

1. 敏感性格：邱老師根據她平日觀察，發現性格比較敏感的幼兒，及
   注意力較細微的幼兒，喜歡告狀。
2. 個性被動：邱老師也發現較常去告狀的幼兒，通常都是在團體互動
   中人際關係較為被動的幼兒。邱老師認為可能因為有些幼兒常常告
   狀，而所告狀的事多是一些小事，久而久之小朋友就離他愈來愈
   遠。他愈孤單愈覺得需要教師支持，告狀因而變成幼兒依賴教師的
   方式。

（二）想獲得肯定

幼兒為得到成人的讚賞，認為當個有能力且助人的人會受到認可。
因此，他常會行俠仗義，扶助弱小，以告狀得到認可。這種現象愈是在
混齡班裡愈是常見，通常都是大班的幼兒挺身而出，特別出面照顧小班
的幼兒。平日，當大班的幼兒看到他照顧的對象受到欺侮，一時自己又
使不出力來幫助弱小，就向教師告狀尋求幫助，而這種行徑至少顯示他
具備一定的責任感。同時，當幼兒告狀問題解決了，他也能感受到自己
得到大家的肯定。

（三）熱心班務

　　有些幼兒告狀是因為熱心班務，希望大家都能遵照教師的教導行事，因自認為是班上一員，就應該投入班級事務。有時當教師忙著處理事情，他又看到不該發生的事件發生時，就會勇於出面提醒老師。例如，看到同班的幼兒溜出教室外，又沒跟教師報告，這時熱心班務的幼兒就會告狀說：「老師！明玲跑出去了！」

實例分享

　　這個實例是幼兒熱心班務，告狀的結果卻適得其反。

　　在等待角落學習區時間時（轉銜時間），因過於吵雜，老師先請大家安靜等待，並請 A 幼兒擔任小小班長注意哪位幼兒說話，就請說話的幼兒站起來。過程中，B 幼兒被請站起來，之後 B 幼兒默默啜泣，老師注意到並詢問 B 幼兒，B 幼兒回答說：我沒有說話。老師再詢問小小班長：有看到 B 幼兒說話嗎？小小班長回答：是 C 幼兒告狀說 B 幼兒說話的，老師再詢問 C 幼兒，C 幼兒才坦承為了要貫徹老師的指令，一聽到 B 幼兒發出聲音，就認為是 B 幼兒說話了，而小小班長沒查明就請 B 幼兒站起來。當事實釐清之後，老師請小小班長與 C 幼兒向 B 幼兒道歉。

　　上述的例子，是幼兒對班務過度熱心的表現，幼兒會認為自己應該謹守教師的規定，別人也是一樣，而且要完全遵守教師的規定。他們會把執行班務的責任攬在身上，一有狀況發生就立即告狀。

二、外在因素

（一）被不公平對待

　　幼兒與同伴發生了爭吵或受了委屈，就會向大人「告狀」。這是幼兒受到欺侮後本能的反應，他們在尋求大人的保護，當他們向教師告狀，就能得到公平對待，或者幼兒把成人當作傾吐的對象，讓教師知道有人欺侮他。但有時等他告狀、傾吐完之後，不等教師處理好，幼兒就滿意離開了，因為覺得已經為自己的委屈找到出路了。

（二）自己解決不了問題

　　當幼兒遇到比自己強大的對手，因為意見不合，或爭取機會失敗，或受到強者欺壓，這時自己無力解決，只得找大人（教師）告狀，希望得到更好的結果。

（三）突發事件

　　有時因為幼兒之間無心之過形成的突發事件，一發生就向教師告狀。例如，常發生的是幼兒之間空間距離太近，肢體無意間碰觸產生身體不適，這時幼兒會向教師告狀。

實例分享

　　中午幼兒在睡前鋪棉被，A 幼兒為了整理棉被，把棉被一直往上甩，剛好 B 幼兒走過去，棉被不小心甩到她的眼睛，B 幼兒用手不斷揉眼睛，A 幼兒因為沒發現他碰觸到別人，沒有馬上向對方道歉。這時，B 幼兒跑去向老師告狀。老師的處理方式是將雙方叫過來，老師告知 A 幼兒剛才發生的情形，並向他說明危險性，A

幼兒便主動道歉，教師順勢處理了告狀的事。

以上說明幼兒告狀的外在因素，幼兒為了爭取機會或自己無能為力或是突發事故發生向教師告狀。這些都不是大事，但幼兒需要告狀，讓教師為他解決，顯示幼兒需要被關心，讓教師重視他們、幫他們解決問題。

＼ 伍、告狀案例與解決策略 ／

幼兒園教育是幼兒接受正式教育起點，幼兒園裡很多的規範都要學習，一旦學到的就形成「銘刻效應」（imprinting），也就是對最初接受教導的信息或規範都會留有深刻的印象。當他們認定的規範被破壞，或無法確認時，幼兒需要由老師引導，藉著告狀得到明確的答案。加上幼兒不太會辨別自己要告的狀是大事還是小事，所以當幼兒大小事都來告狀時，教師會覺得幼兒是「沒事找事」。除此之外，由於孩子解決衝突的能力還沒有很好，遇到與同儕之間的衝突，常以告狀請教師「插一腳」幫忙解決，因此，教師會覺得幼兒的告狀多如牛毛。教師遇到如此繁瑣的告狀該如何因應，以下提供資深幼教師的經驗作為參考。

● 一、有效處理告狀的範例

有些幼兒不論大小事或不論自己的或別人的事，只要他在意的，一有事情發生就要告狀。教師無法避開幼兒隨時隨地告狀，但可以採用策略將告狀的次數降低，減輕負荷量。

（一）採責任制，化解多人告狀

為因應層出不窮的告狀，教師將多人告狀轉化為多人監督，減輕教

師的負擔。以下是教師處理告狀的特殊案例，初步先規勸被告狀的幼兒，再了解被告狀的成因，再以多人的力量幫助監督以減少告狀。

實例分享

1. 先規勸

羚羊班一名幼兒長期有拿班上東西回家的習慣，每一次事件發生，小朋友都會跟老師告狀，不過老師多次規勸這名幼兒，也指出她這種行為是不正當的，但情況卻變本加厲沒有改善。一開始只是拿了東西還會物歸原主，經過幾次勸導不但沒有物歸原主，反而還破壞他人的物品；因此，惹來班上的告狀聲不斷。

2. 了解成因

老師進一步了解她的狀況，才知小女孩是由阿嬤一手帶大的，嚴重缺乏安全感。而弟弟生下來後卻是媽媽親手帶大，小女孩感受自己被差別對待，時而產生不平衡的心態，進而常常拿教室的東西回家。老師為了減輕她的不安，讓小女孩每天上課手握不同的物品，剛開始確實有達到矯正行為的目的；原本一天會偷五次下降為一到二次，為了持續幫忙她戒掉壞習慣，老師請坐在她身邊的幼兒幫忙看住她，也提醒她。

3. 多人監督

但老師還有更多的小朋友要照顧，無法全心全意地盯住她。老師把監督的責任交給幾位小朋友幫忙監督，也請其他小朋友不要再來告狀。這個措施實施下來，小女孩的不當行為有所改善，告狀的人數及次數也漸漸降下來。

因此，教師處理的方式是把眾人的告狀，減為幾個專門負責監督幼兒的人告狀。

（二）澄清誤會減少告狀

　　幼兒能安靜坐著持續上課的時間短，教師會變換活動讓幼兒持續專心上課。教師大都會設計動態活動，讓幼兒伸展肢體，幼兒伸展時一不小心就碰撞到旁邊的幼兒，受到無妄之災的幼兒就會告狀。

實例分享

　　課程進行中每位小朋友都乖乖聽老師說故事，故事結束後進行遊戲小活動。當遊戲進入高潮時，有一個小朋友為了加入活動，把自己的身體壓在另一位小朋友身上，被壓的小朋友感到不舒服，多次試圖跟老師求救，但老師當時正跟家長說話，沒有聽到被壓小朋友的求救聲。當老師忙完後，被壓的小朋友立刻去跟老師告狀。

　　老師在聽被壓小朋友的陳述時，一旁有些情緒比較激動的小朋友還重演事發狀況給老師看，這時老師把壓人的小朋友叫過去，請他說明原因。壓人的小朋友也愣住了，不知該如何是好，老師就請其他人先離開，只留下兩位當事人，這時壓人的小朋友才開口說明原因；老師了解事情的經過後得知，壓人的幼兒因為不了解遊戲規則，才會造成被壓的幼兒不舒服或疼痛的情形。教師立即要求壓人的幼兒向被壓的幼兒道歉，並再次說明清楚遊戲規則。事情解決後，雙方和解結束這場誤會。

　　這案例顯示，班級中很多的告狀來自幼兒認知誤解，例如活動的規則不明、遊戲的規定不清，或未警覺到危險；一旦事件發生，告狀聲此起彼落，教師就應接不暇。

（三）建立規則減少告狀

　　當班規不明時紛爭就會發生，告狀就會隨之而來，教師就要帶幼兒一起討論建立規則。

實例分享

　　上課時間，幼兒們都開心地在積木角玩耍，但是，每當小翔比其他小朋友晚到積木角時，他就會開始搶其他小朋友的積木，其他小朋友也會不甘示弱地搶回去，所以，小翔經常跑到老師那裡告狀說其他小朋友都不讓他玩積木。

　　小翔第一次告狀時，老師一開始以為他說的是真的，經過一段時間觀察下來，發現小翔其實是惡人先告狀，因為他害怕老師不讓他待在積木角玩耍，所以會先跑來跟老師告狀。

　　老師處理方法是和全班的小朋友一起討論建立規則，例如：如果有超過五個小朋友待在積木角時，其他小朋友就先到其他地方玩耍，下一段時間再交換一批小朋友。由於規則是小朋友們自己建立的，所以他們都能遵守，告狀的事也就減少了。

（四）以獎賞減少告狀聲

　　教師以獎勵的方式減少幼兒告狀也讓教學順利進行。

實例分享

　　小朋友喜歡向王老師告狀，所有大大小小的事情都要跟王老師講，告狀的聲音蓋過了課堂小朋友唸書的聲音。

　　上課時，王老師會替表現好的小朋友蓋「你好棒」的印章，累

積十個就可以換一張貼紙；因此小朋友都想要累積多一點印章。遇到上述告狀的情形時，王老師會跟小朋友說：「你們唸書的聲音都很好聽，但是大家都在告狀，有些小朋友的聲音老師聽不到耶！如果老師能聽到每一位小朋友唸書的聲音，那老師就替每一位小朋友蓋印章，如何？」這樣的處理方式，讓幼兒告狀情形減少了！

（五）緊急處理止住告狀

當幼兒跑來跟教師告狀時，教師會先舒緩幼兒的情緒後，再開導幼兒。但教師要更細心地查明真相，若告狀的幼兒受傷了，應該先處理傷口，再解決告狀的事。

實例分享

1. 先查明真相

玩沙結束換好衣服後，當林老師帶幼兒下樓準備走到一樓時，看見大班的一位哥哥和小班的幼兒似乎有小小的肢體衝突。後來大班的哥哥看到老師就把小班的備用衣袋交給老師，並跟老師說：「剛剛安安打到我的臉。」林老師看了一下，有點紅紅的但是應該無大礙，後來大班的幼兒又補充說：「我想打他。」林老師說：「我知道你現在感覺很生氣，因為你幫弟弟，但弟弟卻讓你受傷。老師先幫你檢查傷口，之後再來討論怎麼樣做能讓你的心裡會舒服一點。」

2. 先止傷並警戒打人的幼兒

結果，進教室後大班的哥哥又跑去找另一位教保員說：「很痛。」教保員一看發現流血了，趕緊找林老師並說明情況，可能當下林老師真的很忙沒注意到流血了。

林老師了解情況後立即跟小班的幼兒說：「現在老師有點擔心，你把哥哥的臉打受傷了，如果你也是這樣受傷的，老師會很擔心、捨不得。哥哥平時都當你的小天使，幫你拿衣服、陪你玩，現在哥哥流血、傷口很痛、心裡也覺得很難過，你覺得我們現在應該怎麼做呢？」

3. 引導幼兒以行動賠不是

　　老師應引導小班的幼兒拿冰敷袋給哥哥或是帶哥哥去保健室，雖小班的幼兒口語表達能力不佳，但老師可以介入引導。

　　小安：「……」（沉默不語）

　　老師：「我先帶哥哥去找護士阿姨，你先坐在這邊動動頭腦想　　　　　一想，老師回來再討論。」

　　經過林老師事後的引導，安安同意今天一整天都當哥哥的小天使，因此林老師後來在午餐時間說：「小安，幫哥哥盛飯、拿到哥哥的位置。」用餐後孩子們拿香蕉時林老師也會說：「小安，請拿香蕉給哥哥。」大班的哥哥在接受小安幫助後，會走到小安的位子摸摸小安的頭，跟他說：「謝謝你。」

　　林老師的處理方式是請小班照顧大班的哥哥。一般發生這樣的事情，通常老師可能會採取懲罰小班的幼兒等一下遊戲時間不能玩，即剝奪式的懲罰，但是林老師採用施予式的懲罰，給予他不喜歡的事。這樣的處理方式有以下優點：

　　第一，小班幼兒能透過這樣的機會學習如何幫助他人，因為他在這個班年齡最小，通常是大班的幼兒幫助他、禮讓他。

　　第二，受傷的大班哥哥，對小安的攻擊行為很不能接受，甚至有想反擊回去（小班幼兒）的衝動，但是最後因為小安的服務，而去摸摸他的頭以及跟他說謝謝，化解衝突。

　　由上述幾個案例得知，幼兒的告狀要處理的事大多是小事，但對幼兒來說卻是大事。教師能先同理孩子的情緒，給予思考時間，公平的處理幼兒之間的不悅，也可建立班規遏止不斷的告狀。

■ 二、告狀的處理策略

　　幼兒之間的「小事」可以透過彼此的溝通、傾聽和互相幫助來解決。但是有時候會發生一些比較大的事情，比如幼兒受傷、處境危險、傷害小動物，或者破壞一些屬於大家的公共設施，大事就需要緊急處理，幼兒必須找教師幫忙協助。

　　若幼兒可以不必向教師告狀，或者不需向教師告狀，自行處理即可，教師一定樂見其成。但是，大事小事的界線在哪裡，這就需要教師透過團討時間，向幼兒說明其間的區別，並讓幼兒討論如何處理。

　　因此事情發生之後，當下不是只需要解決幼兒之間告狀的問題。最重要的事是讓幼兒學習遇到事情應該知道如何處理及解決，而不是什麼事情都要向大人告狀。畢竟教師還有很多事情要完成，若是不斷地處理告狀，幼兒不僅無法學到如何解決問題，還會一再依賴教師，只要有任何事發生，就會不斷來告狀。教師應盡量把決定權歸還給幼兒自行解決問題。

（一）協助幼兒釐清告狀事件

　　教師在處理告狀事件時，先讓幼兒辨別哪些是大事需要告知老師，哪些是幼兒可以自行處理的就不必告狀。

實例分享

　　在團討時，老師先一一說出近期她的觀察，讓孩子先思考這樣的行為是否妥當，接著讓孩子有機會發表自己對事件的看法及可以

怎麼做？和孩子一起討論決定哪些事很緊急，要立即來跟老師說？哪些事可以自己先練習處理？

有一位 A 幼兒在大肌肉活動快結束時，不小心揮手打到前面的 B 幼兒，B 幼兒立刻跑去跟老師說 A 打我（老師在一旁都有默默在關注孩子，知道事情發生的經過）。集合後，老師便舉出今天的突發事件來詢問幼兒：如果是你，你會怎麼做呢？幼兒都舉手發表他們的看法；最後，老師將孩子想法歸納後做總結：大事（受傷流血、有陌生人靠近、破壞物品造成危險）馬上跟老師說，小事（同學輕輕推撞、感受不舒服、好朋友不跟我玩、同學不願意分享書等）可以練習自己先處理。

（二）先了解真相再解決告狀

教師在處理幼兒告狀之前，必須先了解狀況或實情，以免處置錯誤，產生不公平對待。

實例分享

在大肌肉活動前，有幾位小朋友在吵架並跑來跟張老師告狀。張老師過去了解情況，原來只是小朋友之間傳球，不小心打到其中一位小朋友，但被打到的小朋友認為是其他人故意打他的。張老師釐清真相之後，找傳球的人跟被打到的幼兒道歉，就解決問題了。

張老師建議，面對幼兒之間的爭執，並不是只聽單方面的說法就下定論，而是要先詢問幼兒所有事件發生的經過後再做處理，經了解真相之後才能秉公處理。如此，處理好告狀的事之後，幼兒認定教師是公正的仲裁者，也讓幼兒心服口服。

（三）為幼兒找到宣洩的途徑

　　幼兒比起成人較情緒化，如果被迫早起就有起床氣，一到學校稍遇不如意的事就發脾氣並與人發生衝突，而幼兒不察，反覺得自己受委屈就向教師告狀。遇到這類情形，教師可為幼兒找出宣洩情緒的管道，告知不一定要與人衝突或告狀來解決問題，可以找到其他方法。

實例分享

　　陳老師提醒幼兒，以後若是為了瑣事想跟老師告狀，請幼兒先去靜心區向娃娃訴說一下，等幼兒跟娃娃訴苦之後，再向老師報告事情的來龍去脈。陳老師認為這個方式可以減緩不斷來告狀的頻率，因為有時候幼兒只是為了找一個可以抒發情緒的對象，而且很多時候，幼兒是為了抒發情緒而告狀，因此讓幼兒先跟娃娃告狀，再來找老師，可以減少幼兒的告狀。

（四）調整空間免去碰觸的告狀

　　有些幼兒的告狀是可以避免的，只要教師留意一下幼兒的空間距離，可以免去不必要的肢體碰撞而解決問題。

實例分享

　　在吃早餐時間有兩位幼兒起爭執，原因是 A 幼兒說 B 幼兒打他。老師先聽雙方的說法，原來是 A 幼兒離 B 幼兒太近，B 幼兒想要 A 幼兒坐過去一點，拉了一下 A 幼兒，這行為讓 A 幼兒認為是被 B 幼兒打了。為了處理這事件，在團討時間老師告訴大家不要隨意觸碰別人的身體，因為每個人的感受不同，你覺得自己在拉

他，但對方可能會覺得你是在打他。最後老師請 B 幼兒向 A 幼兒道歉，並向 A 幼兒說明因為他的座位離 B 幼兒太近了，請 A 幼兒移動自己的位子。然後，老師也請 B 離開位置感受一下 A 幼兒位置的空間大小，讓 B 換位思考理解 A 的感受。這類的告狀就會因老師的說明及調整空間而變少了。

（五）以抓人行為問題練習溝通

幼兒的告狀常因為口語表達能力未成熟，造成誤解形成衝突，而有告狀事件產生，教師訓練幼兒的溝通能力就能減少幼兒的告狀。

實例分享

學習區探索時間，A 幼兒向老師告狀 B 幼兒抓了他的手，老師一樣詢問了兩方事情的經過。原來是 B 幼兒心急想跟 A 幼兒表達自己的想法而伸手抓了 A 幼兒一下，A 幼兒就告狀。老師的處理方式是告訴 B 幼兒抓人的後果會如何？接著請 B 幼兒向 A 幼兒道歉，再來就是輔導 B 幼兒，引導他在傳達自己的想法時，可以使用哪些方式來表達？例如，有事情發生時要好好的和同學說，不要動手去抓人，當自己無法解決時，要來尋求老師的幫助。同時告訴 B 幼兒在家也是一樣，無法自己解決問題時就要請大人協助。因此當孩子起爭執時，老師會示範如何好好與人溝通，讓孩子們能藉此學習良好的溝通方式。

此實例雖與前面例子有雷同情境，但不同的是在幼兒告狀之後，教師以正向的輔導方式，讓幼兒知道如何與人溝通避免衝突，經教師教導之後可以防範更多類似的告狀發生。

（六）引導幼兒學習尊重別人減少告狀

　　教師培養幼兒要具有站在他人的角度思考以減少告狀發生。因為幼兒正處在「自我中心」的認知發展階段，比較不能以他人的角度思考，而且會堅持己見，免不了就發生爭吵告狀。

◀ 實例分享

　　兩個幼兒因意見不同而爭吵告狀，老師了解狀況之後，提出解決紛爭的方法。團討時間開始，林老師提出一大早有兩位孩子發生小爭吵，互相告狀。原因是兩位幼兒為了其他同學擺放椅子的方式不同而爭執，林老師跟幼兒舉例說明：「身邊會有很多人，但是不會每位朋友都是好朋友，有些只是點頭之交，有些是知心好友，即使不是好朋友也要互相尊重。」不過，有的幼兒表示聽不懂老師的意思，老師再換個方式說明：「像是你看到有小朋友靠椅子的時候，很仔細並輕輕地將椅子靠好，有些小朋友則是隨意將椅子靠上，不會注意有沒有靠好。因為每個人對事情的做法不同，但都要尊重別人，不能因為跟自己的做法不同就隨便罵別人，如果小朋友沒有做好該做的事情可以溫柔地提醒他，這樣就可以減少衝突。」

　　林老師幫助幼兒理解並接納別人跟自己做法不同，同學之間彼此尊重減少爭吵和告狀。

（七）幼兒自行化解無心之過不告狀

　　幼兒之間的爭吵常起因於無心之過，幼兒單純的心思藉由教師的引導化解，不必找教師告狀就能自行解決問題。

實例分享

　　在學習區操作過程中，因幼兒擠在喜歡的區如積木區，所以常會發生幼兒碰撞，幼兒一遭碰撞就跟老師告狀，但這常常是幼兒的無心之過，教師跟幼兒說明後雙方互相道歉就可化解。

　　例如 A 幼兒操作積木（將積木堆高），B 幼兒不小心碰到 A 幼兒；A 幼兒發生尖銳的聲音並舉起手準備動手打人。黃老師看到 A 幼兒的舉動就立刻上前制止，並跟 A 幼兒說：「○寶，我有看到 B 寶是不小心碰到你的積木。你的積木被撞到了，你可以把你的不滿說出來：『你碰到我的積木了，我感到不舒服，因為我害怕積木倒了。』○寶你可以試著說一次嗎？」A 幼兒：「你碰到我的積木了，我感到不舒服，因為我害怕積木倒了。」老師說：「○寶很好，你有試著用說的。」老師轉向 B 幼兒說：「B 寶應該說什麼？」B 幼兒就對○寶說：「對不起！」

　　教師即時的提醒，讓幼兒學習試著表達出被碰撞的擔憂，並解決問題，取代動手打人解決問題。教師的引導讓幼兒之間可能爆發的肢體衝突消失無蹤，教師也不必當雙方的仲裁者解決紛爭。

＼ 陸、結論 ／

　　幼兒告狀有的只是小小的一件事，有時幼教師或者大人會一時帶過，不會詳盡地一步一步處理。但教師都應認真對待幼兒的告狀，即使是一件很小的事，都該謹慎對待並釐清事實，因為幼兒的心靈是敏感的，被誤解了也會感到委屈。教師對待幼兒，即使是微小的事，都應該用耐心愛心去對待，有耐心地詢問才能引導出幼兒告狀背後的真相，而

能公平地仲裁。

　　如果孩子受到「欺負」而告狀，教師要適當給予孩子安慰，鼓勵、引導孩子說出事情的過程，陪伴孩子討論怎麼做會比較好、學習怎麼解決問題。明智的幼教師了解幼兒需要並教導；專業的幼教教師，會教導孩子如何解決問題而不告狀。例如教師向小朋友說：「你可以跟他說，我也很想玩，如果這方法行不通，我們再想辦法，我可以幫你。」從「如果這方法行不通，我們再想辦法，我可以幫你。」這句話中，可以讓孩子感受教師跟自己是站在同一邊，解決方法不只一個，可以一起想辦法解決。身為教師引導孩子如何解決衝突，要先想到：「這個衝突可以讓孩子學到什麼？」而不是停留在：「發生了什麼事？」若教師只是問發生了什麼事，然後要求疑似加害者說對不起，幼兒獲得的經驗就只是反覆告狀以及心口不一地說：「對不起。」這對幼兒的成長幫助很有限。因此，有效的解決告狀的方法就是教師能了解幼兒，幫助幼兒化解危機，並與人為善，不告狀。

參考書目

漢典（無日期）。**仲裁**。2023 年 9 月 25 日，取自 https://www.zdic.net/hant/%E4%BB%B2%E8%A3%81#google_vignette

混齡班之班級經營

＼ 壹、前言 ／

　　在幼兒園現場常看到同一班的班級裡，有大的幼兒帶著小的學習、一起玩的景象。例如小熊班的亮亮站在教室外的走廊，看到大班的博新哥哥走過來，很興奮地跟博新哥哥打招呼，看著博新哥哥往廚房方向走，他很好奇地問：「博新哥哥，你要去哪裡？」博新興高采烈地回答：「我要幫老師一起去廚房拿餐盤啊！」亮亮激動地說：「那我也要去幫忙。」他就牽著博新的手往前走。亮亮喜歡和博新哥哥一起玩、一起學習、一起做事，他希望自己也能像博新哥哥一樣能幹。平常亮亮也很喜歡模仿博新哥哥，排隊時堅持「我要排在博新哥哥後面」。而且，他還把博新當成隊長、領導者，最常掛在嘴上的是：「可是，博新哥哥說……」他認定博新哥哥所做的一切，只要博新哥哥說的都算！他很尊敬博新哥哥呢！

　　蝴蝶班大姊姊心萍站在白板前面，用筆指著英文字母，對著小班的欣梅說：「來，姊姊教你唸，A - /a/ -apple……B……」心萍姊姊常常在中午吃完飯後，拿著老師的大筆，指著白板掛著 Alphabet 的大書，當起小老師教中小班的小朋友。

　　這是幼兒園混齡班最常見的場景，混齡編班的方式愈來愈常被幼兒園採用，這是少子化帶來的結果。少子化的影響除了社會結構的改變之

外，也影響到班級的生態——不同年齡的幼兒齊聚一堂學習，以往單一年齡層的幼兒一起上課，現今已不再是常態。當新生進入幼兒園時，行政單位會依據幼兒的發展情形，將他們分到合適的班級，由教保人員（教師）帶領他們學習，這裡的「合適」指符合幼兒成熟度或年齡。混齡班的設立一方面是為了因應少子化趨勢下的一種編班方式；另一方面，是為在開放教育下提供幼兒「鷹架」及「社會化」需求，而營造幼兒的學習環境，安排不同年齡共同學習方式。在此情況下，不只幼兒要適應，教師也要面臨不同年齡同學習的班級經營及教學挑戰。

＼ 貳、混齡教學 ／

● 一、混齡教學的定義

　　混齡教學指班級裡包含五足歲、四足歲、三足歲幼兒，依一定人數比例將幼兒混合在一個班級，教師為他們教學，教學活動也是以混齡的方式進行。

　　混齡教學也受到政府的重視，曾為此頒定法令規定，依據「新北市 111-113 學年度公立國民小學混齡（班）教學實施計畫」（2022）定義，係指混齡教學指在兼顧學生身心發展及有效學習前提下，針對二個以上且相鄰年級之課程合班，透過教材重新編排，實施共同教學及適性評量，並得以同校或跨校方式辦理。

　　而本書所指的不同年齡同學習的混齡教學，是指一個班級有來自不同年齡層的幼兒聚集在一個班級裡接受教學，一起學習。

⬤ 二、混齡教學與分齡教學的差異

（一）對象

　　混齡教學的對象年齡差異大，有的班級將大班、中班及小班的幼兒編在一起學習，或選兩個年級（大中、中小）合在一起上課；分齡教學的對象年紀相近，明顯分成大班、中班及小班的幼兒各成立一個班級。

（二）教學

　　混齡班級中因為有不同年齡的幼兒聚集學習，教師設計的課程需考量各年齡層的認知差異，教學法也必須符合不同年紀的幼兒學習反應；在分齡的班級，教師使用統一的教材及共同的教學法施教。

（三）學習型態

　　在混齡的班級因為把不同年齡層的幼兒集合在一起，觀察模仿學習成為主要的學習模式，年紀大的幼兒提供學習模範給年紀小的幼兒觀摩，使年幼學習能力因獲得協助而提升；在分齡的班級中，因為同年齡，學習較易演變為互相比較的競賽型態。

　　因此，混齡教學是指一群不同年齡層的幼兒聚在一起接受教學，教師顧及幼兒學習需求給予教學。

＼ 參、混齡編班的依據 ／

　　混齡編班除有依法行事的必要性外，也因學習理論的意義性而存在。

一、依法辦理

依照 2022 年 6 月 29 日修正的《幼兒教育及照顧法》第 16 條規定：幼兒園二歲以上未滿三歲幼兒，每班以十六人為限，且不得與其他年齡幼兒混齡；三歲以上至入國民小學前幼兒，每班以三十人為限。但離島、偏遠及原住民族地區不在此限。也就是三歲以上的幼兒可以編入混齡班。加上少子化的情形下，三歲以下的幼兒在分齡的班級，會因為班級人數不足不得不採取合併不同年齡的幼兒在同一班級裡學習。

因此，混齡編班實在是因應現實環境少子化帶來的結果，為了符合班級人數的需要，在教師帶班員額的規定下不得不採取的措施。雖然，目前師生比有降下來的趨勢，但混齡同班學習已是普遍存在。

二、依學習理論編班

依照幼兒學習理論而言，特別受到重視的是提供幼兒的學習環境。一般而言，學習環境不只是硬體設備，也包括幼兒學習脈絡，指營造幼兒之間的互動學習關係。在認知發展上年紀大的幼兒協助年幼的幼兒學習，提供鷹架幫助幼兒的發展潛能，這是維果斯基（Vygotsky）所提的最近發展區（zone of proximal development, ZPD）理論（張春興，2008），再加上班杜拉（Bandura）的社會發展理論提到學習可以透過「觀察學習」（observational learning）與模仿（modeling）而獲得（張春興，2008）。

（一）混齡班能提供鷹架與發展潛能

不同年齡的幼兒一起學習，對年幼幼兒而言就是學習形成「最近發展區」，發展出學習能力；在混齡班裡的學習是年長幼兒協助年幼幼兒，使得其超越原有程度而達到最佳的表現。因此，混齡班能提供不同

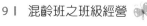

年齡、經驗和認知發展的幼兒有發展潛能的機會。

（二）觀察、模仿直接獲得學習

　　班杜拉（Bandura）強調，在社會情境中學習不是靠外在的獎懲被動學習而來，大多數是透過主動觀察學會的。在混齡班中，年幼幼兒可以觀察和模仿年長幼兒的學習經驗，學到新的學習方式，從而獲得學習。

　　混齡班裡的學習是一種自然學習方式，經由同儕的協助而獲得學習，而帶混齡班的教師需要了解混齡學習的優勢順勢而為。幼兒的學習不再是由教師主導控制，事事都要由教師掌握，因為混齡班提供給幼兒的是一種學習情境，允許不同年齡、不同步調的幼兒可以同時學習。

　　混齡編班促進幼兒人際關係互動學習、可以相互觀察學習，年幼幼兒能觀察學習年長幼兒。年長的帶年幼的，使年幼幼兒提早進入潛能發展區，年長幼兒因而感受到成就感，建立自信。

＼ 肆、混齡教育的功能 ／

　　不同年齡同學習的班級提供的教育有多種功能，能促進社會化、認知能力成長，並得到情感的支持。

一、提供社會化學習

　　不同年齡同學習的環境中提供家庭式的社會化功能。混齡教育能有效地促進幼兒社會化；在少子化的世代，混齡班級像一個小社會，幼兒在當中有如與不同的社會組員相處，進入一個有兄弟姊妹的家庭中。幼兒在其中有被照顧及學習的對象，因而在混齡的班級裡，與不同年齡的幼兒相處在一起，可補足家庭少子化的欠缺。又如教師會請比較大的哥

哥姊姊去協助年紀比較小的完成指定任務（作業），年長幼兒出於榮譽心、責任感，會協助年幼的完成。

　　同時，在混齡班級的活動中，年長的面對比自己小的幼兒，更願意和他們分享，在產生衝突時更願意退讓，而年幼幼兒透過與年長幼兒互動，其領悟力、觀察力及模仿能力都會受到增強。因而在混齡班級中，可以免去自私、依賴、獨立性差，增長社會能力有助於幼兒的社會化。

二、認知發展

　　混齡教育有助於促進幼兒認知能力發展，在不同年齡的幼兒之間，因彼此互相學習，能提供資訊和知識交換，對不同能力幼兒認知能力發展有提升的作用，同時，對於缺乏經驗的幼兒提供模仿學習的機會。

三、情感支持

　　在混齡班級裡，不同年齡的幼兒都能在情感上得到支持，因為年長幼兒透過照顧、指導年幼幼兒學習，從中得到成就感與自信心；年幼幼兒從年長幼兒的照顧與協助中產生安全感，在情感上的依附與支持讓年幼幼兒勇敢去探索新的學習。

　　幼兒在混齡班的學習提升社會化的能力，促進幼兒的認知發展，並在情感的支持下，年長的幼兒獲得成就感，年幼的幼兒能安心學習。因此，混齡學習提供幼兒社會化的學習機會，並且對認知、情感的發展有很大的助益。

伍、混齡班教學對教師的挑戰

　　儘管混齡班的學習對幼兒有多方面的好處，對著一班同年級、不同

年齡的學生，教師感受到最大的難處是教學上的壓力。若還有學習進度上的要求，則會有教材進度上的壓力。再者，教師被期待在同一個時間、同一個地點，花同樣的時間，使用同樣的方式，教會同一批人，並且學得同樣多，而混齡教學與上述所提是背道而馳的。以下提供幾位實務現場教師對實施混齡教學的看法。

實例分享

實例一

在混齡班有十幾年教學經驗的林老師，指出混齡學習的優點與缺點如下：

◆ 混齡教學的優點：

1. 大孩子有舊經驗，弟弟妹妹從大孩子身上去學習模仿。

2. 有助於提早適應學習生活技能及與他人相處等社會技能，讓孩子之間不分年齡互相照顧，彼此之間和諧相處、互相尊重，就如同一個小型社會。

3. 能延長教師和父母、教師和幼兒、幼兒與幼兒之間相處時間，並建立起深厚的感情和社會關係。（傳承）

4. 混齡由大的來教小的，效果既好且快，有人認為不利，但學會教人是一種完全學習的表現，能教人表示自己有透澈的了解。

◆ 混齡教學的缺點：

1. 課程需要設計不同的版本，無法同一本教材一起使用，或一種教學方法普及每個人。（這是以簿本教學的方式，主題教學的話可能中小班的先備經驗較不足，因此發表的機會或內容較為單薄。）

2. 照顧上會吃力一點。

3. 需要助教協助（因大孩子需銜接小一），在課程中老師需要分組教學，再由另一位老師協助帶領。

4. 課程若顧慮到小的孩子的學習，大的孩子在課程方面的學習會受限。

　　班級現場呈現：透過混齡教學的方式可以看見大孩子努力當弟弟妹妹好榜樣，在教學中也可以看見大孩子的主動教導，而班級訂定的規則大孩子會告知弟妹（傳承），在準備教學過程中雖然需多花時間與精神，但是看見孩子們的互助、互相學習，就感覺到非常溫馨。

實例二

　　訪問私立幼兒園黃老師的看法，她指出混齡學習的優點與缺點如下：

◆混齡學習的優點：

1. 大孩子會帶領小孩子學習。

2. 可以互相學習對方的優缺點。

3. 會懂得愛護弟妹。

4. 大孩子會比較有使命感。

5. 大孩子會主動關心弟妹。

6. 減少新生入學時的不適應情況。

◆混齡學習的缺點：

1. 教材需要準備兩份。

2. 在讀寫方面，對中小班的孩子是吃力且不合宜的。

3. 當吵架的時候，大孩子會說我是哥哥／姊姊，所以你要聽我的。而老師要從中或是在課程中多讓小朋友去了解怎麼解決。

班級現場呈現：在混齡學習環境中，年紀小的孩子有實際的模仿對象，而較大的孩子在被邀請教導年紀小的孩子的過程中，年紀大的孩子會修正、增強自己學過的知識，雙方都受益；教師在帶領的過程中，自身也可以從中看到孩子們互動學習的情景。

實例三

訪問雙語教學幼兒園林老師的看法，她指出混齡學習的優點與缺點如下：

◆混齡學習的優點：

1. 小的孩子會模仿大的孩子學習，進步很快。
2. 大的孩子會學習照顧小的孩子。
3. 能夠使大的孩子有同理心。
4. 讓學習在小組中進行——老師只是策劃者。
5. 讓人人都有可以參與的部分——老師只是協調者。

◆混齡學習的缺點：

1. 若有突發狀況會有安全上的顧慮，老師會措手不及，因為不只要照顧大的，還要特別照顧小的。
2. 孩子課程需求不同，設計課程需較費心。
3. 需要助教協助，課程要分開，例如：大的孩子上課，小的孩子在角落活動。

班級現場呈現：在混齡的班級當中，小的孩子會學習哥哥姊姊，對行為產生模仿，學習進步得比較快，當然老師會比在分齡班級的老師費心；老師在課程的設計及班級常規的教導，也很需要人手，若只有一位老師單打獨鬥就會比較辛苦。

實例四

　　訪問私立幼兒園老師的看法，她指出同年齡與混齡教學的優點及缺點如下：

1. 同齡優點：年齡相近，所安排的課程幾乎都是一樣；課程一樣老師教學方便；年齡一樣，比較好觀察每位幼兒的發展狀況。

2. 同齡缺點：幼童較沒有同理心；課程都一樣顯得沒有變化；會容易發生欺負弱小的情形。

3. 混齡優點：

   (1) 大孩子會帶領小孩子學習。

   (2) 可以互相觀摩對方的優缺點。

   (3) 會愛護弟妹。

4. 混齡缺點：

   (1) 課程需要設計不同的版本。

   (2) 照顧上會吃力一點。

   (3) 當吵架的時候，大孩子會說我是哥哥／姊姊，所以你要聽我的。

　　班級現場呈現：混齡班的老師很要求孩子獨立自主完成任何一件事，包含會訓練孩子日常生活的技能，像是擰抹布、拖地……等，有些孩子的手力道還不是很夠，老師會請年齡較大的孩子幫忙，這也是混齡班孩子的學習機會。

實例五

　　訪談在國小附幼有二十幾年帶混齡班經驗的李老師，她提到混

齡班的優點與缺點如下：

◆混齡班的優點：

1. 培養孩子的主動性。

2. 讓孩子有反覆練習與創新的機會。

3. 教室中沒有競爭、沒有優劣之分。

4. 提供一個很自然的家庭、社會環境，培養他們互助互愛的精神：反映真實社會的年齡分布，且有「家的感覺」。以孩子的第一個社會組織「家」來說，便是一個混齡的組織，今日家庭子女數減少，因此混齡編班可以讓幼兒「享受到手足之情」，並學著像兄弟姊妹般相處，這對日後的社會關係也有很大的幫助。

5. 發揮「觀察學習」：根據社會學習理論的說法，當我們注意到一個值得學習的對象，即使只是觀察，都可以達到學習效果。

6. 承襲開放式教育：在混齡班級中，由於承襲開放式教育的精神，孩子之間會有很多互動的機會，不僅同齡之間可以「互相觀摩」，年幼的孩子經由觀察可以學到很多新行為；對認知或其他方面的發展都有助益，因此，老師在規劃有關的課程時，也會強調「兄友弟恭」，並鼓勵「互助合作」、「互助學習」，以促成一個更有利於觀察學習的環境。

◆混齡班的缺點：

1. 年幼跟年長的幼兒學習到的事物，並非都是好的，例如會說不好聽的話。

2. 年齡較小的幼兒，較容易被欺負。

3. 較小幼兒注意力及學習較不好，在課程安排方面較不容易。

4. 除了課程安排較不方便外，幼兒學習評量需要時間來評估。

　　李老師認為在一個大環境中有良好人際互動，可以讓幼兒學習到更多事物。在混齡班的教學中，幼兒可以學到一些很不一樣的東西，與年齡較大及較小朋友的相處，可以延伸出來很多東西如：相互幫忙、模仿，等到漸漸長大他們也會習慣性幫助別人，是一個很良善的互動。有時在同齡間的幼兒會比較強調競爭，因為大人會用同一套標準去看他們，而混齡班級中則會適用幼兒個體去評斷，雖然老師比較辛苦，但這樣對幼兒個別發展較好。有時候很多事情不需要老師教，透過大教小，他們更容易吸收，因為幼兒會站在幼兒觀點去教，用幼兒能理解的思考方式及語言幫助學習，學習成效反而高。

　　綜合上述，訪談實務教師對混齡教學的看法，大致贊成混齡班有其優點，但也有缺點。在混齡班可以看到，大小同樂共同扶持，非常溫馨，因為它像個小家庭，友愛相親、互相學習、彼此成長，然而混齡班會考驗教師的教學，不再一式共用，一本用到底，而是要考量不同年齡層幼兒的學習需求，配合他們的認知發展，設計不同的課程與教材以符應他們的學習成長。

陸、教師因應混齡班之策略

　　教師在混齡班的班級經營或教學上都會遇到挑戰，教師如何化解難題？能因應教改的初衷，以學習者為中心及開放的空間，讓幼兒更有學習發展的機會，達成混齡編班的精神。以下是現場教師分享他們帶混齡班級的經驗與策略。

Q1 老師帶混齡班的過程中,有什麼可以分享的策略?

老師不能一心二用。老師要照顧小的但是就會忽略到大的,例如,當發生一些事情時,要先處理年紀較小的,之後再處理年紀較大的學生。

Q2 如果要年紀較大的小朋友帶領年紀較小的小朋友,萬一年紀較小的不適應年紀大的帶法,那要如何處理?

首先會讓年紀較小的先待在老師身旁,不管做什麼事情都牽著他的手、帶著他一起做事情,等到這位小朋友適應了,再慢慢放手,讓他去和大的小朋友一起玩。

Q3 在混齡班如何實施教學?

混齡教學的班級中會有兩位教師,一個是負責年紀較小的,另一個則是負責年紀較大的。因為教學的內容會因年紀不同而有差異,所以把不同年齡層的孩子分開來教,進行分組教學。

1. 分年級教學之後,若需要練習,還是會依照年紀較大的來教導年紀較小的方式實施,例如:年紀較大的先教 1～10,年紀較小的則是先教 1～5,教完之後大的可以再練習教年紀較小的 1～5。讓小班的小朋友用塗鴉(隨意)的方式去學習。
2. 在活動上則是由年紀較大的去帶領年紀較小的。

Q4 帶領混齡班級的技巧?

有時候較小的孩子會情緒化,所以請較大的孩子去帶小的孩子,跟大孩子說你要照顧好弟弟或妹妹,要當老師的小幫手,引起大孩子的榮譽感。

Q5 如果較大的孩子去攻擊較小的孩子該如何處理？

1. 先制止然後把攻擊者帶開，由另一位老師帶離被攻擊者，再詢問原因，最後再做懲處。

2. 先將兩位孩子分開，當場詢問原因，讓小的孩子了解為什麼大的孩子要攻擊他，也讓大的了解這是一種不對的行為，然後再讓大的孩子回想過去自己的經驗，如果受到大孩子的攻擊會有什麼感受？讓他理解，以防再有類似情況發生。

3. 在團體討論時間時，利用繪本來與幼兒討論。

Q6 大小朋友的大小肌肉發展不同，每天都要上半小時以上的課，如何帶領混齡班小朋友一起學習？

教師教學帶活動時，要考量不同年齡影響幼兒的學習能力，而給予不同的任務，例如，在大肌肉活動作體能訓練時，對不同年齡的幼兒要求就要有差異。

例如：老師帶孩子做暖身操和伸展運動之後，先向孩子們說明今天的運動任務。老師利用輪胎排列讓孩子做跳躍運動，等待孩子都清楚任務之後，再讓孩子去跑步，大班的孩子要跑操場五圈、中班的孩子要跑四圈、小班的孩子要跑三圈，孩子完成跑步之後會自動來完成任務。同時帶班老師會注意動線安排，以減少孩子們的排隊時間。

Q7 如何看待混齡班幼兒的學習成長及建立規矩？

1. 幼兒學習正向成長

江老師肯定混齡班幼兒的學習成長是可預期及看見的。她認為幼兒在混齡班的學習，大班的孩子會有成就感。孩子們會覺得自己長大了，想要把自己屬害的地方表現出來，因此會更努力地裝備好自己，好讓中

班的小朋友模仿學習。

中班的小朋友看到大班小朋友的能力，例如：哥哥姊姊很會畫圖，他們就會去模仿哥哥姊姊畫圖；玩球很厲害，就會去模仿且想跟哥哥姊姊一起玩；看到哥哥姊姊自己穿鞋子、襪子，中班的新生也會去學習穿鞋子、襪子，因為他覺得大班的孩子會了，其他的孩子會了，自己也就有了學習的動機。

整體而言，混齡班學習跟成長的優點是：大班的孩子會表現好的一面讓中班的小朋友看，因為他們覺得他們要當英雄；中班的孩子看著大班的小朋友有這些能力他們也會跟著做，所以在一、兩個月內會發現學習有大躍進的成長。

2. 建立規矩

混齡班規矩的建立不能太急切或強勢，而是委婉的暗示。同時，實施時要一視同仁，不能有差別待遇。

(1) 暗示

莊老師分享：「我們會暗示大班的小朋友，他們已經長大了要做好的模範讓中班的小朋友看。有些比較活潑的孩子，我們會特別讓他知道，動手動腳的行為、會亂跑的行為、會欺負人的行為，是需要很多練習來改進的，如果你很厲害就要盡量幫助自己控制住，讓自己變得厲害喔！當然這樣的暗示有時候會有效果，有時候孩子衝動的時候還是會有脫序的現象，但整體來講暗示還是有其效果。」

(2) 立下規矩持續實施，並一視同仁

在規矩的建立上，除了暗示外，莊老師認為：「我們也在觀察小朋友，當一些模式實施得不錯就持續進行，設立獎勵的機制，比如在教室裡會有畫圈圈、送貼紙、送獎勵品及送餅乾的鼓勵，只

要有好表現老師會立即給予增強打圈圈，十個圈圈就是送十張貼紙，可以得一個餅乾，五十張貼紙就有禮物。若大班的模式是這樣進行，中班也須跟著這個模式。」

3. 設立小天使

幼兒園開學，特別是混齡班會遇到欠缺人手幫忙的問題，教師找大班的幼兒帶新生最合適。江老師分享：「剛開學的時候中班的新生對幼兒園比較不熟悉，我們會建立小天使的模式，大班的小朋友當小天使帶著中班的小朋友去熟悉環境，包括洗手、上廁所、牽著他們到餐廳吃飯、牽著他們到睡覺的場所、帶著他們到戶外玩認識校園環境；新生有情緒化的時候，這些小天使也會去安撫他們，所以『由大帶小』對老師來講是一個很大的幫助。」

4. 年幼向年長的抒發心聲

江老師認為混齡班的缺點是大班的小朋友有點像婆婆，中班的就像小媳婦，婆婆的權力比較大，因為他們在班上比較久，所以他們講話就比較老成；中班的小朋友就像小媳婦，進來什麼都不懂就乖乖聽大班小朋友的話，所以在這個過程中看到，當中班的孩子自我比較強的時候，就會有大班的小朋友不讓我玩這個、不讓我玩那個、大班的小朋友都會管我們等等的埋怨。這個時候老師會跟大班的孩子討論中班小朋友的心情，也請他們想想在照顧中班小朋友時如何修正拿捏，以達到雙贏。

5. 大帶小的主動原則

不同年齡同學習的情境，混齡班年紀大的幼兒帶年幼學習時，最好是讓年紀小的幼兒先主動學習之後，再由年紀大的幼兒協助。江老師提出：「小的先做，大的再幫忙。」如果課程中老師請比較大的哥哥姊姊去協助年紀比較小的，江老師會鼓勵年紀比較小的孩子先挑戰看看，而

不是事先就得到協助。

6. 同等學習機會

在混齡班中不分大小都要有相同學習的機會。當江老師在主題課程教學的過程中,會先請孩子們都坐在團討區,以問答的方式引導孩子回應對議題的想法,雖然舉手回應的都是大班居多,不過老師也會主動給機會,讓中班的孩子發表意見。老師對每位孩子的回答也都會專心傾聽,只要不太偏離主題的都會給予讚賞鼓勵,讓孩子勇於舉手表達自己的想法;也就是不管孩子的回答是否正確,都要好好讓孩子將想說的話表達出來,給予回應的學習機會。

7. 訓練自理能力

因為大班的小朋友很多事情都可以自己處理,所以老師在大班的小朋友遇到臨時狀況時都會請他們自己處理。例如:不小心翻倒水,老師會請大班的小朋友自己想一想,之前討論過的處理方法為何?大班的小朋友就知道要自己去拿抹布,擦乾擰乾並把抹布放回去。在旁邊觀摩的小班幼兒也可像大哥哥大姊姊一樣,有學習獨立處理問題的能力,老師也會給小班的幼兒多練習的機會。如此,當老師遇到臨時的事情發生時,大小幼兒都能自己處理,為老師分擔工作。

8. 不同年齡給不同的鷹架

在教學過程中,發現有部分中班的幼兒對於數字 1 到 10 還不是很熟悉,大班的幼兒則都能找出正確的答案。在師生互動中,教師也會給予中班的幼兒較多提示(口訣),來幫助幼兒學習並給予鼓勵。

因為是混齡班教學,同一個主題下,大班幼兒的表現(特別在認知方面)較良好,其良好的表現對於年齡層較小的中班幼兒,也有起到示範的作用。儘管中班的幼兒對於數字 1 到 20 較不熟悉,但在過程中也

都十分踴躍的舉手,想要參與,教學過程中,大部分的幼兒並沒有因為對教學主題不熟悉,而有不想回應的情形。

9. 不同評量標準

　　雖然對於混齡班來說,教學主題是相同的,但學習單會依中班／大班來調整難易度,也會個別講解如何完成的方式。老師針對不同年齡層有不同的做法,像這樣有彈性地調整評量的難易是十分好的方法,能夠客觀判斷幼兒的學習情形是否達到目標,比較不會因為評量的難度太高,誤判了孩子的學習情形。這樣一來也能落實《幼兒園教保活動課程:幼兒學習評量手冊》所強調的——以幼兒為主體,有系統的去收集資料、評鑑。

10. 注意年幼者學習落後問題

　　特別在公幼體系中,混齡大、中、小這三階段的年齡差距真的有點大,像是有的時候在團討,大、中班的孩子因為認知及先備經驗足夠,從團討中可以互相討論,而小班的孩子儘管請他們發言,總是詞不達意,不然就是文不對題,一直追不上大、中班哥哥姊姊的思維,久而久之小班的孩子會變得不再喜歡舉手發言。這時教師要警覺的問題是:給予年幼的幼兒更多的協助,也要讓「小老師」發揮輔助功能,幫助年幼孩子或是未跟上學習進度的幼兒學習。否則,對於年齡比較小及無法理解的孩子,就易失去學習的機會而產生習得無助。

　　總之,混齡班的設立,無論在教與學上,都是打破年齡的界限,讓教師「看到孩子本身」。基本上,混齡編班是開放式教育下的主張之一,用來破除以年齡為標準的學習迷思。因為學習本身是有個別性的,未必只有發展成熟的因素,同時還包括社會因素在其中。在同齡班級中,教師可能較容易以同標準來要求孩子,學習成功者受到讚美,落後

者可能較容易被忽略。反之，混齡班級的幼兒本來就有不同能力的差異，教師無法使用單一標準去評估幼兒，無論幼兒學習結果是超前或落後都只是一種暫時的學習狀態。在混齡班裡不同年齡層互相的學習下，幼兒可以依照自己的步調前進，幼兒潛能反而被發展開來，班級裡較不會有學習落後的幼兒。

柒、結論

混齡班的教學因不同年齡的加入，擴大班級成員的差異性，隨著班級組成的人員不同，班級的互動模式也改變。已發展的幼兒幫助尚在發展中的幼兒學習，形成不同年齡間幼兒的互助合作，進而豐富幼兒的學習經驗。

混齡學習是一種自然學習方式（像家庭），挑戰教師固有的教學方式，因此面對混齡班級時教師需改變心態與思維，放掉舊有的預期與習慣，捨棄教案進入活動設計，讓孩子有更多的機會參與，化被動為主動；在環境中慢慢建立一個系統，幼兒也可以協助教學。混齡教學不是一種固定的模式，而是一種學習環境與機會，教師的教學與班級經營重點不再是班級該如何混齡？什麼課要混齡學習？什麼時候要混齡教學？而是在一個開放的空間裡，接納人人有不同的認知能力與學習興趣，允許不同步調的學習者有相同的學習機會。

參考書目

幼兒教育及照顧法（2022 年 6 月 29 日）修正公布。https://law.moj.gov.tw/Law Class/LawAll.aspx?pcode=H0070031

張春興（2008）。**教育心理學：三化取向的理論與實踐**（第二版二刷）。東華。

新北市 111-113 學年度公立國民小學混齡（班）教學實施計畫（2022 年 4 月 8 日）修訂公布。https://elem.ntpc.edu.tw/var/file/5/1005/attach/13/pta_14178_7688619_56799.pdf

人人都是快樂小螞蟻：
公平分派

＼ 壹、前言 ／

　　幼兒園教師從幼兒一早進入班級，步調開始緊湊而且非常忙碌：要安排幼兒吃早點，等一下又帶著幼兒進行大肢體運動，接著是學習區學習或進行全班主題教學，再來就是忙著預備午餐，以及盯著幼兒規矩用餐（不偏食、不掉飯、不邊吃邊講話），用完午餐還得清理場地、鋪被子讓幼兒睡午覺；利用中午午休時間趕寫聯絡簿或處理行政作業；午休結束之後，協助幼兒整理儀容，並繼續下午的課程；幼兒放學回家後，必須跟需要聯繫的家長連絡，提醒家長注意事項或是向家長說明孩子的概況；最後還有教室的打掃消毒、預備明日的學習環境等等。一整天忙碌的幼教師好像轉動不停的陀螺，沒有片刻停歇，體力天天透支。

　　幼兒既好奇又好動，無時無刻需要教師盯著他們，幼教師實在分身乏術。然而，在這種高度勞心勞力的工作下，為降低這種高承載的壓力，幼教師唯有重新檢視及分配工作，為自己找到可用的資源和幫手。事實上，教師的資源與幫手就近在身邊，若讓全班全員動起來，即便是照顧年幼的幼兒或安排教室的清潔，讓身邊的資源成為助力，不僅幫助幼兒學習照顧好自己外，也讓幼兒之間互相幫助，減輕教師的負擔。

　　教師如何分派工作？如何讓每位幼兒都有參與的機會，成為教師的好幫手與幼兒之間的好夥伴？這需要實務性的策略做到公平分派，同時

也讓幼兒覺得自己是班級中的一員，有參與感與責任心完成交代的任務。另外，教師能公平分派幼兒任務，讓幼兒像快樂小螞蟻分工合作，在教室角落用心完成教師交代的工作，這也是教師發揮班級經營能力的展現。以下就理論及實務說明教師如何分派工作使得幼兒與教師雙方都獲益。

貳、公平分派的概念

一、幼兒的公平概念

一般大人常認為幼兒年紀小，不具有「公平」這種抽象的概念。其實不然！幼兒在實際生活中常遇到「公平」或「不公平」的情境令他們很困擾，幼兒公平的概念來自生活的經驗。筆者為探究幼兒是否有「公平」的概念以及對「公平」理解的程度，曾進入蔡老師的班級觀察幼兒發表對「公平」的看法。

> 蔡老師：小朋友，什麼叫「公平」呀？
>
> 幼兒 1：就是就是……如果你想要一起玩的話就要分享，這樣才叫公平。
>
> 蔡老師：你是說玩遊戲的時候大家都要有機會一起玩？你的意思是這樣嗎？
>
> 幼兒 1：對！
>
> 幼兒 2：如果別人有一雙襪子，你也要有一雙襪子，這樣才叫公平。
>
> 幼兒 3：比如說今天要賽跑的時候，別人還沒跑的時候，他已經先偷跑了！這樣就是不公平。

蔡老師問全班幼兒：這樣公不公平？

全班幼兒：不公平！

蔡老師：還有嗎？

幼兒 4：在猜拳的時候，慢出就是不公平！

蔡老師：慢出？

幼兒 4：對啊！

幼兒 5：生日派對上，每個人的蛋糕要給一樣大。

蔡老師：你是說分給小朋友的蛋糕，大小要切得一樣大！

幼兒 5：對啊！

　　幼兒「公平」的概念是在實際生活中體驗來的，並不是成人所認為欠缺「公平」的概念。幼兒生活中會遇到分點心、獎勵貼紙、送玩具等，從中得知自己是拿少或拿多，只要比較一下就會估算自己得多得少，「相等」的概念就變成他們判斷公不公平的標準。幼兒會質疑：「老師給我的跟別的同學一樣多嗎？」、「老師對我好嗎？跟小琪一樣好嗎？」當幼兒覺得不公平時，潘朵拉的盒子就被掀開，嫉妒被散播開來影響到班級氣氛。

　　無論是在生活、遊戲或比賽中，幼兒們認為大家都要遵守公平，猜拳時同時出手才是公平，也就是出拳的時間齊等；在玩遊戲時，人數上相等，且要一對一的出現、並同時行動才是公平。可知，幼兒所認為公平的基準點就是同時發生，得到同等的量，而不是考慮實質立足點平等。因此，當教師分派工作給幼兒時，他們要教師「公平」分派，這時教師就要謹慎分派工作給幼兒，並要說明清楚。

二、公平分派的概念和意涵

　　公平分派指教師分派工作給幼兒時，在量的方面，幼兒獲得工作的

機會是相等的；在質的方面，被分派工作的負荷量能考量個別差異，例如大班的幼兒比小班的幼兒負責的工作要複雜或難度高一點。教師公平的分派工作指每位幼兒都有被分派到工作的機會，讓幼兒覺得教師不「偏心」且一視同仁。

教師公平分派工作給幼兒，就教育性而言，可以為教師分擔班級事務，讓班級運作更順利；對幼兒而言，能獲得多項的益處，如教育性、心理性及社會性的成長。

（一）教育性

1. 落實班級運作

幼教師須規劃班級中有哪些工作需要分派，引導並幫助幼兒能夠學習自理，做好本分的工作。因此，教師安排小幫手的作用在於協助班級團體事務正常運作。

2. 營造共享的班級氣氛

分派工作對於班級實務運作有助益，例如，安排小幫手對於營造一個共享共治、和諧有序的幼兒班級，有實務上的必要性。幼兒班級事務繁多，有賴師生共同分工合作才能順利運作。張老師分享：「如果有一位小幫手站在隊伍前面招呼幼兒集合，老師就可以到後面再提醒或協助其他動作慢的幼兒，如此可以減少大多數幼兒等待的時間。」

幼兒當教師的小幫手，教師賦予幼兒責任感，幼兒喜歡助人更樂於分擔班級的工作，而班上人人都有工作，即使輪到當值日生，幼兒也感到很有成就感、很愉快。

（二）社會發展

分派工作給幼兒能促進幼兒社會能力的發展，因為有些任務讓幼兒

跟別人一起合作完成，可以讓幼兒學習與其他同學互動並建立責任感與榮譽心。

1. 建立責任感

培養孩子的責任感。責任感能賦予幼兒對「自我」的認同，若幼兒認同自己的角色與能力就會有責任感，主動履行職責，完成交代的任務。

2. 激發孩子的榮譽心

幼兒榮譽心的建立是分派工作順利推展上不可缺少的動力，除非孩子主動願意，否則無法營造出共享的班級文化。孩子在承擔工作的過程中，感受到自己的付出使得班級環境或教室氣氛有了改變，看見自己有為班級服務的能力，自然更能激發出榮譽心。

教師也需要經常主動激發幼兒的榮譽心，不僅是為了使分派工作能順利進行，更是幫助幼兒在學習的過程中，能主動參與體驗到自己的重要性，並影響幼兒對自己的看法。例如，教師小小的一個動作如選定小幫手時，教師交付幼兒名牌，讓幼兒親自吊掛在榮譽欄的小幫手欄位時就有鼓勵作用，能激起孩子的榮譽心。

因此，當教師分派工作時，意味著教師願意把權力下放，讓幼兒在班上能與教師一起分擔班務，並且幼兒在教師信任下完成任務。教師分派工作給幼兒，幼兒能學習成長。

（三）心智發展

教師對學生的期望影響到學生表現，當幼兒在教師的眼中是可以被信任交代工作，顯示教師肯定幼兒的能力，若教師一再地派任務時，幼兒就更肯定自己，也會想辦法表現自己，達成教師所期望的樣子，這就是所謂的「畢馬龍效應」或「自我應驗預言」（self-fulfilling prophecy）（張春興，2008，頁 287）的效果。

　　根據專家研究發現（郭生玉，1980），教師期望的自我應驗作用會影響學生的自我觀念，進而影響學生的成就動機，也就是教師對學生的期望會影響到學生的學習表現。

1. 畢馬龍效應

　　學者探討教師對學生的期望會影響到學生的智力發展。哈佛大學的心理學家羅森索與傑克布森（R. Rosenthal & L. Jacobson）在 1968 年引用畢馬龍效應（Pygmalion Effect）一詞來說明實驗中所發現的教師期望的作用，也就是教師期望對學生產生作用（國家教育研究院樂詞網，無日期 a）。

　　「畢馬龍效應」來自希臘神話，描述塞浦路斯（Cyprus）國王畢馬龍熱愛雕刻，花了畢生的心血雕了一個少女像，並視為夢中情人，日夜盼望雕像變成真人，後來真情感動，石雕少女就化成真人，並且成為畢馬龍的太太。這故事意味著人們為達成別人對他們的期望，而傾向改變自己的行為。

2. 自我應驗預言

　　每一個人會在別人眼光中看到自己的樣子，別人就像是一面鏡子反射出自己的面貌，這個別人被稱為「鏡中自我」或「人鏡自我」。這個理論說明，個人透過別人對自己的看法，影響自己成為別人所希望的樣子，而這些看法都是經由跟別人相處互動產生的，因此，個人社會化過程就是個人對自己的看法，是「自我」在接觸別人（指同伴、父母、師長），從別人眼中看到對自己的特點或價值，從而發展自己的人格、興趣、抱負或期望。「人鏡自我」是美國社會學家顧里（C. H. Cooley, 1864-1929）提出的概念；顧里的說法和人類學家米德（G. H. Mead, 1863-1931）的論點接近；米德認為自我只有當個人能夠取替他人的角

色時才存在。自我是個人社會互動的產物（國家教育研究院樂詞網，無日期 b；蔡文輝，1997）。

幼兒的自我概念就是在與其他人的交往中形成的，別人對自己的評價影響到對自己的看法，並按照別人的看法來塑造自己的形象。因此，當教師分派任務給幼兒時，表示教師對幼兒的認可，幼兒從教師的信任中得到評價，進而對自己的期許反映出教師所期望的行為。

參、分派工作對班級經營實務運作意義

一、實際效用

幼兒能擔起教師分派的任務；在他們接受任務時，會感受到自己被肯定而樂於完成。因為幼兒能從中獲得榮譽感、自信心、覺得自己很重要，而且在完成工作過程中需要學習與他人溝通及合作，學習做事的態度與方法。

（一）有助於班級事務完成

當教師安排小幫手共同完成班級事務，對於營造一個共享共治、和諧有序的幼兒班級有實務上的幫助。

分派工作給幼兒對班級經營有幫助。教師規劃班級哪些事情需要分派工作，引導、支持幼兒，使幼兒能夠學習生活自理，做好自己本分的工作之外，安排小幫手的作用主要在於協助班級團體事務順利完成。

（二）班級活動順利進行

幼兒班級事務繁多，有賴師生共同分工合作才能順利運作。例如：如果有一位小幫手站在隊伍前面招呼集合幼兒，教師就可以走動去提醒

或協助其他動作慢的幼兒，可以減少多數幼兒等待的時間。

　　教師分派工作給幼兒，主要在協助教師，可讓能力較好的幼兒協助其他幼兒。課堂上教師進行教學活動時，不一定可以協助到每一位幼兒，這時小幫手就能協助教師。因此，小幫手對教師在進行活動時或在班級經營方面都會有很大的幫助，能使活動順利進行。

二、家長認同

　　當幼兒在學校被教師信任分派工作，回到家裡跟家長分享幫忙教師做事，會覺得自己能力被肯定；家長也會覺得自己的孩子在班上表現不錯，高興孩子被重用，並認同教師讓自己的孩子參與班級事務，使他們的孩子受到肯定，樂見孩子在班級裡成為教師的好幫手。

　　因此，教師分派工作給幼兒，能促進幼兒社會性、教育性的成長；幼兒成為教師的好幫手，能使班級事務運作順利，促使班級活動順利進行，也得到家長的支持──認同教師分派工作給幼兒。

＼ 肆、依工作的性質分派 ／

　　教師在分派工作之前，要先跟幼兒說清楚工作內容和負責的項目，幼兒才能完成交辦工作。而教師在班級裡扮演的角色是引導、輔導者，主要在給予幼兒正向鼓勵與協助。教師分派工作之時，可先將工作做分類，再設立分擔工作的責任制，分配幼兒擔任工作。

一、工作分類

　　教師分派工作之前，先將例行工作分類後，再依性質分派給幼兒。工作可分成：

1. 每天發生的例行工作。

2. 在適當的教導之下，幼兒能勝任的工作。

3. 為團體服務的工作。

二、責任制下的工作

1. 每日一班長。

2. 每星期值勤。

3. 每月小老師。

4. 每學期專責人員。也可以分組負責，推出幫手。

小班：分組，小組長輪流由小組成員當；大班：分組（小組長輪流、票選）、自動自發主動幫忙、小組長負責督導其他成員。

三、設立教師的小幫手

教師在進行教學活動時需要小幫手幫忙，讓教學工作順利進行，或在執行班務時，也需要小助手幫忙其他小朋友。

鄭老師表示她會設立「小老師、愛心小天使、課堂小天使、蓋章小天使」等名稱來讓幼兒當她的小幫手。鄭老師讓這些小幫手幫忙發貼紙、發教具、發材料包、蓋章、展示閃字卡教材、發教材、撿垃圾、收毛巾、收文具用品等。

四、人人有工作

教師為養成幼兒自動自發為全班工作，會交付許多工作事項，讓人人都有工作，例如：(1) 撕日曆、擦桌子；(2) 早上來要把椅子放下來；(3) 檢查書包是否有從櫃子掉出來；(4) 幫忙拿小書本或遞東西給別的老師；(5) 幫忙帶年齡較小的幼兒上廁所及照顧愛哭的幼兒；(6) 可幫忙其他幼兒收拾（例如：做美勞、玩玩具之後）。

　　洪老師認為：「班上的孩子不是上館子吃飯，等著被服務的對象，他們需要學習生活自理、遵守規範及為他人服務。分派工作可以讓他們提供服務，但讓他們動起來，是要有方法的！」

　　幼兒的責任感要從小培養起，除了讓他們學習分擔責任、去關心他人、對自己的事盡責外，也讓幼兒學習幫助別人是一種責任，也感受「助人為快樂之本」的榮譽心。從幼兒的生活慢慢鍛鍊承擔責任的能力，有了責任感，才能體會自我存在的價值和意義，得到別人的信任與尊重。

＼ 伍、公平分派的策略 ／

　　指派任務給幼兒時，工作要怎麼分派？教師在分派任務給幼兒時，要讓幼兒覺得是被公平對待，使他們能看重所交付的工作、也樂意完成。教師該如何公平分派？分派工作前，教師要思考流程工作分派前、工作分派時以及工作分派後，每階段的重點。

● 一、按部就班地分派工作

　　教師分派工作之前，心中先擬出一幅藍圖，再按步驟去執行。而且每一步驟先做什麼？後做什麼？在心中模擬一下，再付諸執行。

1. 目標明確：教師要花時間思考班上有哪些工作要分派？哪些幼兒可以被分派工作？分派工作給幼兒能達成的目標？用什麼方式讓幼兒接下工作？

2. 指令清楚：當下令分派工作給幼兒時，指令要很清楚，幼兒才知道該如何做。例如，教師下指令：「請把書放回書架上！積木收到積木角！」讓幼兒很清楚知道他要將物品放置歸放處。

3. 了解幼兒個別差異：分派工作之前有必要了解幼兒的能力。教師應

依照幼兒的年齡及能力（即了解幼兒的個別差異）去分配任務。林老師認為對大一點的孩子，除了要給予明確的指令之外，還可以再給他們一些挑戰、期許和責任，他們會更有動力去完成老師分派給他的工作。

4. 幼兒能力：教師一旦決定交付幼兒任務，須先了解幼兒承擔工作的程度為何？分辨幼兒承接工作的能力大小，即了解幼兒是否能完成交代的工作，同時，也要了解幼兒的個性及興趣。林老師認為要考慮大小班的能力差別：「從小班就開始先訓練生活自理能力，培養自己的事情自己做的觀念，到大班幼兒就能自動自發完成，並且開始會主動幫忙。」甚至在認知學習中，大班的幼兒能幫忙教小班幼兒認識 1 到 10，陪小班幼兒正確計數 1 到 5 的物品數量。

　　葉老師也提出看法：(1) 老師在分派任務給幼兒前，要了解並善用幼兒的能力，去分派任務給幼兒；(2) 在進行主題活動時，老師會給予能力較好的幼兒任務，請他去協助能力較弱的幼兒完成活動；(3) 老師必須要熟悉每位幼兒的能力，在不同活動的時候分配不同任務，也要常鼓勵那些幼兒，這樣會使幼兒有成就感。

5. 個性：李老師認為要考慮幼兒個性再分派工作，她提出班上一定會有比較活潑的幼兒以及比較安靜的幼兒，在某些活動上可由較活潑的幼兒帶領。但老師也建議可以給比較安靜的幼兒一些機會，一方面能平衡幼兒在各方面的發展學習，也能培養其他方面的能力。

6. 個人意願：季老師在分配任務給幼兒時除了考量幼兒的能力外，也會顧及到他們的意願。例如，有一位幼兒擦桌子擦得很認真、很乾淨，老師就請他當擦桌子的小組長；另外，有一位小朋友每次吃午餐的時候都第一個吃完，就是為了要掃地。工作分派採用輪流的方式，當然也會尊重幼兒讓幼兒自發性地選擇，依孩子自己願意做的事情分派。

　　因此，教師在分派工作之前，要先了解幼兒的能力與個性，也不忽略讓每位幼兒都有學習的機會，從分擔工作中成長。

二、分派工作的注意事項

（一）循序漸進

　　教師分派工作時，為了不讓幼兒感覺措手不及，必須先作預告，之後交代工作給幼兒。例如，公幼楊老師說：「以後我們吃完飯，把椅子放在桌上後，每一個人負責地板上的小方塊，看到飯粒先撿起來丟垃圾桶，然後我們再用抹布把它擦乾淨！」幼兒很興奮，因為可以拿抹布去洗手臺擰水，很好玩。幼兒問：「現在嗎？」老師說：「不是！等大家都有一塊抹布，而且知道負責的範圍才開始！我下星期會宣布。」可見，教師分派任務不是一下子全交給幼兒，而是先說明幼兒分擔的工作性質及條件，如此一來，幼兒才能清楚配合教師行動。

（二）示範與練習

　　等幼兒對工作得心應手之後，教師才全放手給幼兒去做。但全放手給幼兒之前，要交代如何完成工作，教師先示範給孩子看，然後請孩子做一次，最後讓幼兒自己完成。例如，幼兒不會擰乾抹布，教師按步驟教幼兒，若小班的孩子不會擰，請大班的擰乾抹布之後，再給小班的擦。

（三）適度提醒

　　對於交代的工作幼兒有時會忘記，為澈底執行，教師要不斷提醒幼兒。例如，老師對德德說：「記得下課後，幫老師把教室的燈關起來！」一次提醒恐怕不夠，要一再提醒，幫助幼兒建立習慣，也是賦予

責任感。再三的提醒很重要，表示教師一直給幼兒機會，而不是因他忘記一次，就喪失服務的機會。

三、工作任務完成後

當幼兒完成教師分派的工作時，教師要獎賞幼兒，這時要採用何種獎賞方式較合適呢？

林老師在幼兒完成任務後，會當面鼓勵、稱讚幼兒。劉老師則會以稱讚、鼓勵、送貼紙、蓋章、集點、幼兒上台分享、發表（自我檢討）、公開表揚完成任務的幼兒或小組等方式。

另外，看見幼兒成為好幫手參與工作時，張老師給幼兒一個鼓勵的微笑、輕拍幼兒的肩、一句稱讚的話，都讓他們覺得分擔工作是受到最佳的肯定。

四、分派工作的原則

（一）小幫手設立條件

1. 人數合宜

分派工作的人數以適量為原則，如以十五位幼兒為一班的教室而言，每天安排三到四人，如此每位幼兒大約四到五天會有一次當小幫手的機會，使他們有參與的榮譽感，且次數不要太過頻繁，工作量不超出他們所能負擔。

2. 記錄工作分派

教師可以先替每位幼兒製作名牌，將教師認為需要分派的工作列於榮譽欄中。每天一早的團討時間，透過自願的方式選出小幫手，並將名牌交給他，請該幼兒將名牌親自吊掛於小幫手榮譽欄的某個工作項目之

下，確定當天某項工作是由某位小幫手負責，經此過程加深了小幫手的記憶，達到提醒小幫手的效果，同時肯定了該角色的責任及榮譽感。

3. 選擇對象

綿羊班老師會設條件優先選擇小幫手。

(1) 幼兒都希望被老師注意，所以老師會說：「我要選最乖的小朋友來當老師的小幫手喔！」會先選優秀的幼兒幫忙。另一種是，有些幼兒過動或靜不下來，教師會請他當小助手，幫忙發材料等等之類，讓他有事情做，培養專心做事的習慣。

(2) 對於在班上比較沉默或是被動的幼兒，教師也會適時地給他們機會，讓每個幼兒都有機會幫老師的忙，鼓勵孩子多展現自己，培養自信心、責任感和榮譽心。

4. 次數不頻繁

綿羊班在一些美勞課或烹飪課時，老師需要小幫手幫忙發材料，但需考慮工作量要符合幼兒的能力，並盡量在一週內不要讓幼兒有重複當小幫手的次數，即使要讓幼兒有參與的榮譽感，但次數不能太多。

選出表現最好的幼兒幫忙，可以維持班級運作順利，而且當幼兒接到分派工作時，都會盡力地表現出優秀的一面。另一方面，若請好動的幼兒幫忙，能培養他對事物的專心，也避免干擾其他幼兒。

＼ 陸、公平分派機會 ／

一、人人有機會

將各種工作分派給幼兒時，能一視同仁給幼兒學習機會，讓每位幼兒都有被重視的感覺，尊重孩子合理的要求；教師也能鼓勵幼兒以自願

合作的態度接受分派的工作。教師公平而不偏袒是師生和諧互動的基礎，平日少讓幼兒做無謂的競爭，以免同學之間嫉妒心叢生。公平分派工作給幼兒的原則如：

1. 小朋友輪流做不同的工作，並給予自主練習的機會。
2. 男女機會公平，做完的小朋友幫助還沒做完的小朋友。
3. 依照工作輕重程度，分配人數。

　　例如，幼兒能幫忙教師拿一些資料及作業、不能把太重要的工作交給幼兒、分配工作的過程是培養幼兒的責任心及注意力、工作量要適合幼兒，並給予每個孩子都有機會。

⬤ 二、公正執行

　　教師為了能公平地分派工作給幼兒，會設立班級分工的制度，讓幼兒自動自發地分擔班級事務，有的教師會依照幼兒的能力分派工作、有的會採用輪流的方式讓大家有工作做；有時候讓大家登記自願分擔工作。

　　林老師的班級以輪流制、固定制及自願性讓全班的幼兒動起來。有以下三種方式及負責的工作：

1. 採輪流制：安排每日小幫手可以協助管秩序。
2. 採固定制：以認養工作的方式設小組長，讓他們負責關電燈、電風扇。
3. 採自願性：設立「小老師」，下午四點過後，幫那些還未回家的小朋友複習功課。

　　有一次林老師採自願性的分配方式，問全班有誰願意當小幫手，幫忙整理角落的東西？結果有三位孩子搶著要做，林老師的處理方式就是請孩子們猜拳，其他兩位輸的孩子，林老師向他們保證，下次需要小幫手時，會優先分配這兩位小朋友，這樣可以維持公正公平的分派工作。

三、周全考量

如何公平分派工作給幼兒？教師應把一些要素考量進去，讓分派幼兒工作更周全。

（一）考量到人、事、地

1. 人

(1) 合適人選

當教師想依工作性質分派工作給合適的小幫手時，要如何分配才可以真正幫助到教師？周老師依她的方式提出建議：

A. 排隊去吃點心時，會有小隊長幫忙。吃點心時，選小桌長幫忙。

B. 每天都有不同的小班長，有自創口號。也會在上課時讓小朋友輪流當股長，幫助幼兒學習。

另外，事先將小朋友分組。讓小朋友自己選擇不同的工作，一段時間後再換，這樣可以讓每位小朋友有機會做不同的工作。

(2) 特例要說明

教師依照幼兒不同能力分派任務，但也要顧到公平對待，當教師分派工作給特定幼兒時，教師要公開說明，以免影響到幼兒之間的感情。

有一次黃老師請小朋友幫忙搬桌椅，奇奇力氣比較大所以老師叫他搬四張桌椅，蒂蒂比較矮小，所以老師只叫她搬二張桌椅，造成奇奇心理不平衡。黃老師告訴大家，也告訴奇奇說：「因為蒂蒂力氣比較小，奇奇你的力氣比較大比較強壯，所以才想要請你多幫老師的忙。」

(3) 如何邀請幼兒幫忙

　　　教師邀請幼兒分擔班務，同學之間互相合作完成任務。教師除了表現對幼兒看重的態度外，當幼兒拒絕時也要跟幼兒溝通，不斷鼓勵幼兒為大家服務。

A. 以讚許的目光注視幼兒，以肯定的語言謝謝幼兒的協助、微笑的面容讓幼兒感覺到教師很開心有他的幫助，讓他以後更有信心分擔班務及工作。

B. 與孩子溝通。教師邀請幼兒當小幫手時，若幼兒拒絕，要找出幼兒拒絕的原因，並鼓勵幼兒出來服務大家。

2. 事（工作分派）

(1) 可分派

　　　教師分派工作給幼兒時，要考慮哪些工作可以分派？哪些工作不可以分派？例如：

A. 教師想要幼兒學習什麼，才分配工作給幼兒，例如，排隊的時候，為了讓幼兒學習領導能力，教師會讓當領隊的幼兒學習發號施令、整隊，安靜地把小朋友帶到目的地（廁所、餐廳）。

B. 發作業、發貼紙、點心的時候，邀請小幫手來幫忙，能讓活動順利進行。

C. 大家一起動手。

　　　白兔班的幼兒在早晨進到教室後，會先在門口向老師問早，隨即老師會回應，接著幼兒放置好個人物品後，再將點心碗拿給老師，請老師幫幼兒盛裝點心。待用完點心，幼兒們會主動檢查桌面、地面是否乾淨或者拿抹布進行環境的整理，大家一起分擔工作。

(2) 不可分派

　　　哪些工作不能分派給幼兒？教師須憑專業判斷，辨別危險的

工作和超出孩子所能承重的重物移動，是不能讓幼兒做的。

(3) 行不通時

　　當教師分派工作行不通時，會發生什麼事？陳老師以過去的經驗分享她遇過幼兒無法幫忙班務時，造成班級的困擾：

A. 有時候小幫手沒有來園所，導致黑板號碼沒有寫。

B. 工作小組長沒有來園所，導致此各組工作沒有人檢查或領導。

　　陳老師的處理方式是詢問其他人的意願或是安排下一位幼兒接下工作。

(4) 分配不當

　　當工作任務分配不當時，會發生什麼事？遇到時，教師如何處理？

　　郭老師經驗分享：如果分配不當幼兒之間會發生爭吵，老師處理方式是先讓幼兒彼此溝通，找出解決方法，幼兒如果沒辦法解決時，老師才會介入幫忙。例如：老師介紹新的掃地用具，示範其功能後詢問學習區結束後有哪位孩子可以幫忙打掃美勞區？這時好多個幼兒都爭相舉手表示自己很想嘗試。老師可先讚美班上孩子對於教室環境的愛護，再提問：「我看見好多有愛心的孩子都可以來幫忙維護教室的環境，你們真棒！不過掃把只有一支，我們可以怎麼做呢？」這時可能就會有孩子說出可以輪流，或是今天我掃、明天樂樂掃、後天阿寶掃；讓表現好的小朋友先掃、抽籤決定等答案……，老師則可順勢讓孩子們投票決定用哪種方式，以示公平。

3. 執行任務的場地

　　分派工作的地點，是否有室內外的分別？教師會依照課程的需要分派幼兒工作，在室內可能需要幼兒的事項很多，例如：協助清潔教室、

發教材教具、分配點心、整理收拾學習區、陪年紀小的孩子上廁所等
等。室外例如進行大肌肉活動，也會需要幼兒幫忙整隊、協助教師搬放
或收納運動器具、整隊到餐廳吃中餐、整理戶外環境（撿垃圾、樹葉等
等）。

╲ 柒、處理幼兒對抗教師分派工作 ╱

一、幼兒不願意被分派

　　當教師想把工作分派出去時，會發現有的幼兒不願意或遭到幼兒拒
絕時，教師該如何應對？

　　鄭老師認為不想接受任務的幼兒有兩種類型：一種是幼兒沒有意
願，或該任務不具吸引力；另一種是想做但不敢表達的害羞幼兒。

　　輔導這兩類的幼兒參與班務一起工作，鄭老師採用抽籤、推派方式
或兩種交替使用的解決方式，公平地分派任務給每位幼兒。鄭老師也會
鼓勵第二類幼兒加入工作行列。當第一類幼兒完成任務時，鄭老師會公
開表揚幼兒，讓他們知道因他們的協助讓全班都受益。

二、幼兒搶工作

　　如果教師在分派工作中遇到幼兒之間搶工作發生爭執或是對分派的
工作有意見時，該如何處理？

1. 態度溫婉地與幼兒溝通：李老師分配大班提水澆走廊的花，那些花
   耐水性高可以用多點水，中班幼兒噴教師室窗邊的小盆栽。但有的
   中班幼兒也想嘗試提水澆花，所以向老師表示自己想換任務。老師
   聽到中班幼兒的意見後，面帶微笑用讚許的目光、肯定的語言與孩
   子溝通，並且把分派的理由告訴中班幼兒。最終，還是讓大班負責

提水澆花。

2. 幼兒自行溝通：教師分派工作，若是遇到幼兒關心的事，教師會把任務交給幼兒，讓幼兒自行處理。例如，一日，大熊班幼兒決定送禮給班上同學德生，因為德生將要轉到其他幼兒園就讀。大家認為在歡送會上送他紀念品最合適，而老師之前就讓大班的幼兒負責選禮物，但中班與小班不贊成，因為他們認為他們想送的禮物比較適合德生。在意見分歧下，老師決定把選禮物的事交由全班重新討論。在討論的過程中，雖然爭吵很激烈，但老師讓小朋友互相溝通，老師只協助記錄，最後讓全班一起表決做出選擇。

＼ 捌、結論 ／

　　教師分派工作時顧到公平性，讓幼兒都有機會貢獻自己的能力。教師依幼兒能力分配工作，幼兒從完成任務中體會到成就感及培養責任感，同時，不因為孩子工作表現不佳，而剝奪他們學習解決問題的機會。教師分派工作的理念在於小幫手能否確實幫助班級工作，但這並不是唯一的目的。教師相信孩子、給予孩子機會，並適時的給予協助是重要的。

　　分派的工作，如擦桌子、掃地板、招呼同學集合等，幼兒都能從中學到合宜的態度或技巧。要讓小幫手能做好工作，教師需要觀察他們的表現，除了精神的鼓勵與支持，對於孩子不熟練的動作，應給予示範與指導，使他們能更勝任工作、培養信心，並肯定自己角色的重要性。

　　幼兒向來很樂意幫教師做事情，也很喜歡被分派任務，但是如何公平分派任務給幼兒，則考驗教師的領導能力和智慧，因為幼兒能做的事情有限，而且需要平均給每位幼兒表現的機會；因此教師要適時適用、適才適用，並且需要教師的專業能力，才能挑選適合該幼兒的任務。且

幼兒間同儕的學習會相互影響，教師分派工作給幼兒時要謹慎，必須公平分派，才不會引起幼兒惡性競爭及激起嫉妒心，而影響到班級和諧，引來家長關切等紛爭。教師有智慧地分派任務給幼兒，建立完整的分工制度，讓幼兒自願幫忙班級事務，在幼兒分工合作下，班級事務順利運作，更顯現出教師班級經營的能力。因此，適當的分派工作給幼兒，能使教師經營班級的效能大大提升。

參考書目

郭生玉（1980）。教師期望與教師行為及學生學習行為關係之分析。**教育心理學報，13**，133-152。

張春興（2008）。**教育心理學**（二版二刷）。東華。

國家教育研究院樂詞網（無日期 a）。**畢馬龍效應**。2024 年 4 月 1 日，取自 https://terms.naer.edu.tw/detail/708e96a6706aa06c4f545a8fbd209fe0/

國家教育研究院樂詞網（無日期 b）。**鏡中自我**。2024 年 4 月 1 日，取自 https://terms.naer.edu.tw/detail/ee53689f438d16b2adcc46bbc3afacdf/?startswith=zh&seq=5

蔡文輝（1997）。**社會學**（增訂三版）。三民。

親師互動雙贏策略

＼ 壹、前言 ／

　　隨著教育開放，家長參與學校教學和教育幼兒的機會愈來愈多，教師面對家長的機會也跟著增加，教師承受的壓力比過去還大。教師除了教學外，也忙著與家長互動營造更密切的親師關係，與家長共同擔負幼兒的教育責任。

　　親師互動主要在建立合作的關係，讓雙方對幼兒的教育方式達成共識；親師互動透過多元管道溝通，有的教師執著於親師互動最好的方式就是把幼兒生活點滴跟家長報備，幼兒在學校的大小事都不遺漏地傳給家長。例如，糖果班傳給家長的訊息：

　　　　教室裡更新了一些新的玩具，小怡和小雅忙著扮演新娃娃的媽媽，小文、小惠和小帆用新的消防車滅火；而在教室外小芬和小佳騎新的小車子，享受了愉快的戶外時光。

　　為什麼教師會認為提供家長幼兒在學校的訊息，就是最好的親師互動關係？因為教師以為只要把幼兒在學校的生活點滴提供給家長，就可以幫助家長追上孩子的腳步，家長也能感受到自己參與了孩子的學校生活，也就會提供學校及教師支持與協助。而親師溝通不僅只有這些

內容，還應包含教師以專業的角色協助家長了解教師的教學理念及幫助幼兒學習成長。然而，不是每位家長都很重視幼兒在學校的學習，有的家長把教孩子的責任劃分得很清楚，或者有的家長因為工作忙碌而疏忽，或是對教育有不正確的觀念，例如有些家長認為教育的工作是教師的事，把孩子送到學校之後，就可以不聞不問，若孩子在校發生問題需要家長配合時，通常相應不理，或是他們也不知道在家該如何輔導管教自己孩子，這些都會阻礙親師互動建立關係。因此，親師溝通更有其必要性，教師應協助家長了解他們的孩子在學校不同於家庭中的面貌與跟同儕互動情形，並共同肩負教育孩子的責任。教師與家長建立良好的關係，對幼兒、教師及家長都有好處。

＼ 貳、親師互動的定義與內容 ／

● 一、定義

　　親師互動是指教師與家長透過多元管道友善交流，了解幼兒家庭生活狀況及學校學習情形，共同協助幼兒學習成長，藉助有效的溝通，親師互相分享有關幼兒的教養訊息。親師互動的目的在增進幼兒學習成長，達成雙方對幼兒教育的共識。

● 二、內容

　　親師互動溝通的內容包含雙方交流幼兒在家或在學校學習成長的情形，包括幼兒的生長環境（親人、經濟狀況）、喜好、興趣、親子互動以及父母的期望與要求等，當教師了解家長的教養觀念及幼兒的興趣喜好，有助於教師盡快了解幼兒的學習狀況，使教學順利進行。另一方面，教師以專業提供有關的教學理念、帶班風格以及幼兒在校學習成長

情形,並提供家長了解幼兒及正確管教的方法與態度,經由親師的溝通拉近彼此的距離,也能幫助幼兒學習更順利。

　　教師針對幼兒的學習或行為問題與家長進行討論,讓家長和教師由不同層面了解幼兒,因為家長有時很難直接改變小孩的一些行為,透過教師提供專業建議,更能協助家長釐清小孩發生特殊行為時的動機為何,以及教師的處理方式,避免雙方意見衝突的產生。

實例分享

　　有關教師提供家長了解幼兒及正確管教方法與態度,筆者訪談一位資深公幼的邱園長,她很樂意分享她二十幾年來與家長互動所得的經驗與心得,並提供她寫給家長的一封信,建議家長如何教育孩子。她用幼兒的口吻寫下對家長父母的二十點建言,信的內容如下:

　　親愛的爸媽:

1. 別害怕對我公正的態度,這反而使我有安全感。
2. 別讓我養成壞習慣,我得依靠您來分辨好與壞。
3. 別讓我覺得我比實際的我還小,這樣只會讓我愚蠢的表現超出我實際年齡的行為。
4. 請不要在大家面前糾正我的錯,而是在私下提醒我。
   說明:因為孩子很愛面子,如罰站,因為會沒有面子。同時,小朋友也會打小報告。
5. 別讓我覺得我犯的錯誤是一種罪,它會降低我的人生價值觀。
   說明:例如孩子無心弄翻東西,只是我的無心之過或是小肌肉未發展好拿不住;吃飯時,不喜歡就吐出來(胃腸不舒服),或吃飯吃太久。

---

6. 當我說「我討厭您」的時候,別太沮喪,我討厭的絕對不是您,而是加在我身上的壓力。

7. 別過度保護我,怕我無法接受一些後果。

   說明:如教小朋友拖地,不要剝奪孩子學習的機會;讓孩子做事是學習生活的技能,家長也不要認為孩子做不好,讓孩子一再的練習即可。

8. 別太注意我的小病痛,有的時候我只是想得到您的注意,並想試探您而已。

   說明:孩子裝病,只要上學就生病,有時是孩子裝出來的。或許,家中沒有足夠的安全感給孩子,有時父母關係不和睦,孩子就會沒有安全感,請找出理由來,而不是一味跟孩子說上學很好玩。

9. 別嘮叨,否則有時候我會裝聾作啞。

   說明:大人唸太多就會讓人疲倦;處罰太多就成自然,自己跑去罰站,那裡就成為我躲避的角落。

10. 別在倉促或無意中做下允諾,請記住!當您不能信守諾言時,我會是多麼的難過呀!

    說明:家長對孩子要兌現的事,永遠都記住,當父母做不到的,別要求孩子信守承諾。

11. 別忘了我還沒有能力把事情解釋得很清楚,不要一直逼問我。

12. 別太指望我誠實,我很容易會因為害怕而撒謊。

    說明:孩子不知道會犯錯,當孩子犯錯了,家長讓孩子說理由,孩子開始會自己編理由圓說自己的錯誤,家長不要說:「只要你說出理由來,我就原諒你」,這會害孩子編理由欺

騙。

13. 請別在管教上前後不一致且不堅持，這樣會使我感到疑惑，對您失去信任。

14. 當我問問題的時候，別敷衍我或拒絕我，否則您會發現我終將停止對您的發問，而向其他處尋求答案。

15. 別暗示或讓我感覺到您是完美的、無懈可擊的，當我發現您並非如此的時候，這對我將是一項多麼大的打擊。

16. 別認為向我道歉是沒有尊嚴的，一個誠實的道歉，會使我與您更親近，對您的感覺更溫暖。

17. 別忘記我最愛做實驗（試試新事物或方法），幾乎每天生活中都離不開它，請容忍。

18. 別忘了我很快的便會長大。

19. 別忘了沒有許多的了解和愛，我是不能成長茁壯的，只有衣食無缺的環境對我是不夠的。

20. 想要知道我眼中的世界，請您先蹲下來，從我所在的位置和高度放眼看世界。

　　這一封信提醒家長，幼兒的想法和看法跟家長的期望與想法不同。在親師溝通上，邱園長主動寫信給家長，目的除了幫助家長更了解自己的孩子外，也希望家長能協助教師共同幫助幼兒成長。

＼ 參、親師互動合作重要性 ／

　　親師建立良好的關係能提升幼兒學習成效，促進親師合作順暢，讓親師對幼兒的教養方法與理念達成共識。郭老師以二十年來的經驗與感

想強調親師合作的重要性,她認為親師互動建立良好的關係很重要,對幼兒、教師及家長都有幫助。

一、有助於幼兒建立良好行為

親師雙方配合良好將有助於幼兒行為之改善,當幼兒偏差行為改善將有助於教師教學過程更順利。如果出現棘手問題,幼兒在學校順從教師要求,回家表現跟在學校的不同(只有老師在學校要求,回家表現又是另一面),這樣的效果最不好,若能尋求家長的協助制定共同的標準,不管在家或學校都同樣執行,將有助於孩子偏差行為的改善。故建立良好的親師溝通將有助於教師教學順利,幼兒學習有加倍的效果。

林老師認為親師溝通在職場上真的是不可避免的一件事,一定要主動與家長交談,讓家長成為教師的朋友。因為建立起朋友的關係之後,一切都好說,家長會信任教師,會主動與教師談起幼兒的狀況,教師也可以馬上發現每一位幼兒不同的情況。

林老師說:「基本上每位幼兒都是家長的『寶』,但是幼兒有時候難免會有一些問題發生,或是一些不好的習慣,透過教師單方面的要求,可能進步效果不大,只有家長與教師相互配合,幼兒才能產生一致性的行為,但要如何讓家長知道呢?唯有透過教師的告知。教師要如何跟家長談起?首先應該先要誇獎幼兒,之後說:『可是我有一件事情,也讓爸爸媽媽了解一下!』教師再慢慢談論有關幼兒的問題,或者家長就會提供一些他/她的看法或建議給教師。」

二、教師獲得家長認同

當教師與家長建立良好關係,若幼兒在學校行為出現偏差時,教師可以協助家長共同找出解決方案,幫助幼兒改正偏差行為,家長比較會願意接受及配合,家長也會因幼兒的改變而感謝教師。若與家長未建立

良好的關係，得不到家長的支持與認同，家長無法接受幼兒的偏差行為，也不會認可或接受對幼兒偏差行為的導正，教師將無所適從。或許教師心理上會覺得家長不管，那教師也可以不管，任由幼兒的行為偏差影響其日後的人格與人際關係。但資深的洪老師認為這樣並不好，因為身為幼兒的啟蒙教師，不能因為教師與家長不良溝通而放棄了一位幼兒，若是這樣做，教師會感到愧對教育工作。因此，跟家長建立好的關係將有助於教師的教學順利進行，同時也增強教師的教學信心，能得到家長的肯定，擁有滿滿的成就感。

三、家長獲得幫助

　　幼兒的偏差行為出現時，教師幫助家長先探討幼兒表現出來的行為所代表意義，是為了引人注意？故意搗蛋？不安全感或是習慣不佳？教師適時詢問家長孩子在家是否有類似行為？這種行為出現的頻率為何？教師與家長商量對策，並讓家長協助處理，家長獲得教師專業的協助，提升家長管教子女的技巧及方法，有助於改善家長與孩子之間的親子關係，讓家長更安心。

　　因此，親師溝通能幫助教師更了解幼兒的各種面向，讓幼兒在學習與成長上得到最好的協助。教師從與家長互動中獲得許多支援，使教學效果提高，並增進家長對幼兒在學校學習的了解與教師的信任。

＼ 肆、親師互動雙贏策略 ／

　　親師互動的目的是解決幼兒在學校產生的問題，並且能獲得家長的支持，而透過教師處理也幫助家長明白教師的帶班及教學理念，這也與教師的班級經營理念相關。雙贏是指家長及教師在溝通之下，雙方站在平等的立場經過多次的協商達成共識並解決問題，同時，兩造之間的權

益未受損害，同得益處。親師互動雙贏策略，是教師站在家長的立場，不損及家長顏面，教師也從中獲得家長的肯定與支持。親師互動雙贏的策略，首先是教師了解親師互動之下，知己知彼，該說或不該說、能行或不能行，都要掌握分際讓彼此受益。

●一、親師互動下教師宜「不」為

（一）不告狀

當幼兒的表現不盡如人意，在親師溝通時教師告訴家長幼兒在學校發生的事情，切記不向家長告狀。因為當教師向家長告狀時，家長的壓力會驟然提升，會以為他們的孩子很差，在學校不受歡迎，或者老師不喜歡我的孩子，是不是要考慮換學校了。更甚者，在教師還未察覺家長的難處之時，還進一步告發幼兒可能發生的種種劣跡，這會讓親師之間的溝通雪上加霜。因為教師的告狀只是將已發生的事情向家長報告，而教師的告發是指未發生的事，只是有徵兆，也就是有些事情在還沒有發生之前就被預測發生。當家長聽到教師告發幼兒：「你的孩子再這樣下去就會怎樣……」、「再放任下去，你就等著收尾……」這些會引起家長更大的恐慌，拒絕進一步溝通。

教師該做的是在跟家長溝通時，說明幼兒在學校發生的事情，同時也讓家長知道至目前為止，把已發生的事做了哪些處理。最好也把如何處理與輔導策略跟家長說明，之後才要求家長配合。當教師將處理的方式告知家長，家長會比較安心，也讓家長信任教師有能力照顧自己的孩子，且在學校已經輔導過而未改善等，當家長安心且信任老師之後，家長就會樂意與教師合作，幫助幼兒及教師作事後的處理。

（二）聯絡簿不做他途

聯絡簿的功能讓家長明瞭易懂，但不要有其他的用途。教師與家長溝通喜歡在聯絡簿上交代幼兒在學校的情形以及告知家長有關學校的規定，並請家長配合。除了教師的文字說明外，有時候因應實際需要還會夾帶一些繳費單、報名表（參加戶外活動）、家長同意書（開學初各種規定辦法、實驗教學需家長同意）或通知書（課後照顧報名表或疫苗接種）等給家長。一般幼兒園希望或規定教師至少一星期使用一次聯絡簿，行政主管認為家長看到教師親筆寫的字跡，才不會懷疑有代勞的事，因為使用手機發簡訊可以集體發出或教師請他人代發，讓家長感覺接收不到教師對個別幼兒關懷的溫度。而家長通常會期待接到聯絡簿，看到教師將一週來觀察幼兒的結果跟家長分享；另一方面，家長還會用它來評量教師對幼兒關心的程度，當然，若涉及比較深層的教學或管教理念，恐怕聯絡簿就不適用。

聯絡簿使用也有它的限制，因為教師的用字遣詞不當很容易暴露出來或者寫錯字未更正等，資深的洪園長（平時會調教師的聯絡簿看）建議寫聯絡簿時簡扼說明就好，若不易解釋清楚的還是當面談或電話比較適宜。書面語句有時容易產生誤解，而書面寫作涉及文字選用正確性、語句順暢與否、用詞是否能切題達意與文法等。教師寫聯絡簿時要清楚撰寫的目的，不做其他的用途。

實例分享

筆者遇到一位高社經的家長，她把兒女送到一所雙語幼兒園就讀，因為她希望自己孩子從小打下外語的基礎，等長大以後送出國唸書適應環境比較快。家長很開明從不干涉幼兒園的教學方式，也配合幼兒園種種規定，直到孩子就讀了兩個月之後，教師熱切地

希望家長收到聯絡簿後能給予回饋，教師用聯絡簿告知家長有關幼兒在學校學習情形，也讓家長了解學校對外語教學的重視。不過，家長有一天跟筆者說她把孩子轉離雙語幼兒園了。筆者好奇問她為何要轉學？她回答說是孩子爸爸的決定，因為孩子爸爸看了幾次聯絡簿，也作了回饋之後，就決定轉學。筆者問是不是聯絡簿出了問題？她說幼兒園老師用英文寫聯絡簿，孩子的爸爸也用英文回饋，順便幫老師改英文，因為文法及用詞錯誤，連續幾次下來，孩子爸爸覺得很累，因為工作上用腦過度（醫生），回家還要改聯絡簿。

聯絡簿是教師與家長溝通的媒介，不是凸顯教師能力的工具，運用不當會適得其反。

二、親師互動教師「有」所為

親師溝通非常重要，因為教師常遭到家長的批評，甚至認為教師常自以為是，很難跟教師溝通。但批評背後隱含的是家長都希望教師對他／她的孩子能特別照顧或尊重家長，而教師在繁重的教學工作下，又要跟家長保持良好互動關係。以下綜合幾位資深教師的看法，提出親師互動教師應有所為的建議。

（一）主動建立親師關係

教師應主動與家長建立互動關係，利用多種機會建立關係；親師溝通的方法很多，教師接任新班級時首先要和家長打個招呼，可以寫給家長一封信或是舉辦班親會，自我介紹說明自己的教學理念和做法，讓家長認識教師並能與教師配合，以後才能在教學與帶班上得心應手，對幼兒的管與教就不會有阻力，使幼兒學習與成長獲得很大的幫助。

郭老師建議當教師接到新生名單時，先和家長電話聯絡，初步了解

幼兒在家的狀況，如：平時的作息時間、最主要的照顧者、家長對幼兒的要求及教育方式、孩子有無特殊疾病、在飲食上會過敏的食物、安全依附物品、常用之語言等，以及告知家長孩子可能會有分離焦慮，應該如何預防，開學前如何提前讓孩子預做心理建設，與教師連絡的方便時間等。若對家長的教養態度愈了解，就愈能輕鬆地掌握與他們溝通時的方式，而避免不必要的誤會。

因為現在幼兒園所教師非常忙碌，有許多事情要做，如何跟家長有效連絡與建立親師關係？黃老師建議可以利用上下學接送時、使用電話、網路、email 等，其實連絡起來很方便，又不會浪費很多錢。家訪可能有必要，但若真的沒有時間，可以用上述方式；當教師觀察到幼兒有些特殊情形，可到幼兒家中拜訪。最重要的是主動跟家長建立親師關係。

（二）利用有效的溝通管道

教師與家長之間如何做好有效的溝通？教師可以利用多元方式分享幼兒的學習成果、拉近親師距離、增加家長參與幼兒園事務及親師互動的機會，達成親師合作的目的。目前教師利用數位化做親師溝通已很普遍，數位化是指將所得的資料如文字、圖片轉化成電子檔，透過先進的數位技術進行處理，作資料的傳輸，其中教師最常用 Line 傳訊息給家長，但教師要掌握利用這些管道的益處與限制。

關於教師利用多元管道與家長溝通，林老師建議每天例行的聯絡簿可做為書面資料，叮嚀幼兒的學習狀況及攜帶學用品等事項，也可利用電話、email 或 Line 與家長溝通聯絡幼兒的在校狀況，讓家長知道教師是關心自己孩子的。至於較少接觸的家長，再進一步利用家庭訪問了解幼兒的家庭生活背景，對教師在輔導幼兒上有很大的幫助。

筆者整理多位資深教師多年來的親師溝通經驗，以下提出較具體的

說明，特別提供給接新班級的教師參考。

1. 多與家長閒談

當家長來接送孩子時，經常和他們談談以培養熟悉感，這對信任感的建立有極大的重要性。在這簡短的意見交換時間，家長常希望自己的孩子被人了解和認識，看到教師親切叫孩子名字並迎接他們，會讓家長放心且增加對教師的信任與尊重。當家長在忙碌的放學時間詢問許多細節事項時，教師仍應給予訊息及回應，以建立信任感。

2. 經常打電話

對於無法每天接送小孩的家長，教師可以電話或 Line 通話提供互動機會，將幼兒在校的優良表現或特殊狀況告知父母，以表示關心。

3. 多利用聯絡簿

聯絡簿可幫助教師傳達訊息通知家長，亦可分享幼兒在校一週的表現，或作業繳交情形及提醒幼兒課業上該注意之處；教師亦可設計心情留言讓家長、幼兒給予回饋。

另外，陳老師使用聯絡簿每週與家長溝通，分享自己的做法。她會約略書寫孩子在校的一些狀況，如好的表現或需要家長配合幫忙的事項，或家長有事可在連絡簿中反映，她也希望家長利用聯絡簿告知孩子在家中的一些表現及生活習慣，讓教師能更了解孩子在家中的學習表現。

一般而言，教師平時與家長溝通主要以班群（Line）或接送時間為主，聯絡簿一個禮拜只會有一次，每學期也會安排一次親子座談。

4. 善用數位化工具

數位化通訊的便利性在於能將人與人的距離縮短，比打電話、寫信便捷，且訊息可隨時隨地傳送具有立即性。然而，教師使用數位化產品

作為溝通橋梁，應先了解使用的效用及限制，避免帶來不必要的困擾。

(1) 注意帶來的負擔

　　教師運用不同管道親師溝通，其目的都是教師常傳幼兒在學校的訊息給家長，因為教師會分享幼兒的生活點滴訊息給家長。為使家長安心把孩子交給幼兒園，讓幼兒們快快樂樂地學習，教師須費盡心力，無時無刻跟家長報備幼兒在幼兒園的點點滴滴！幼兒每天在課堂上或幼兒園的角落，活動在哪兒相機或手機就拍到哪兒！拍完之後，還要編輯照片或影片再傳訊給家長！

　　更甚，有的幼兒園規定班級要設臉書（Facebook），規定每週以群組的方式傳照片給家長。此外幼兒園也設臉書，每班一學期每位幼兒要有二十張活動照片上傳。這些科技的產物帶給教師的負擔愈來愈大，光是傳輸資料給家長，就耗掉教師大半的時間，而且教師的工作不只這些，還要教學、帶活動、預備學習區、清掃、回應幼兒的需要、處理班務行政等，這些都造成教師的負擔。

(2) 建群組避免反效果

　　教師利用科技產品與家長聯繫，例如利用群組聯繫家長，也要充分了解它的限制。陳老師提醒，若家長遇到事情在群組發訊息惡言相向，教師就得私底下傳訊息溝通化解。因此，當教師與家長們溝通結束後，若後來又有類似事情發生，可以反覆提起，確認與家長的溝通是有效且良好的，避免家長只是表面認同，否則使用數位化科技的溝通仍是無效。

　　目前解決的方式可以利用 Line 的功能化解這些困擾，因為現在多用 Line 的官方帳號，兩位教師是管理者，將家長加為班級群組的好友（畢業就請家長退出班級群組，家長不會加到教師的私人 Line），教師可以一次「群發訊息」，家長和教師只能「一對

一私人」對話，且兩位教師回應時家長不會看到是哪位教師回應的，如果覺得家長留言的事情有點複雜，通常會直接打電話問，避免文字描述各自解讀的問題。

陳老師很謹慎地使用 Line，她的做法是建立班級群組，再邀請家長加入，並告知群組只做教師公告用，孩子有任何問題請家長私 Line 老師再個別回答，避免在群組中產生不良效應造成誤會，如有家長在群組中提出個別問題，陳老師也都會私 Line 給家長，這時陳老師大都直接以電話溝通，不會用文字溝通，避免不必要的誤解，這樣群組中的對話就會立即打住，才不會引起其他家長的效應。陳老師認為群組只做公告及教學課程的分享，她會整理每日的教學活動照片或影音檔，以月份在群組中開設相簿讓家長了解孩子在學校的學習狀況，若是新生也會以此方式讓家長安心，對教師產生信任感，這也有助於日後的溝通。

因為現在大家都用 Line 官方帳號，可以解決公私不分的狀況，班上兩位教師都能看訊息可以回覆，且家長任何問題都可以一對一處理，其他家長不會看到別的家長的問題，因為有時候家長無法接送幼兒時，都會傳 Line 問教師有關他孩子較個別隱私的問題；而且教師也可以在 Line 上設立回應時間，不然即使下班了，教師還會看到家長半夜傳訊息。

（三）加強與家長溝通

陳老師還特別補充如何做到有效的親師溝通：

1. Line 的文字溝通：對立即性的事件可用 Line 告知家長，或者家長詢問孩子身體狀況時，Line 是最方便的工具。

2. 圖片分享：幼兒有特別的表現（如學習區積極創造、跟同學開心互動），甚至幼兒受傷不舒服的照片，是以照片加文字告知，一來有

記錄，二來家長可從圖片具體得知幼兒的狀況，會更為放心。*

3. 不定期地面對面聊天：當家長接送孩子時，陳老師會口頭告知身體狀況、表現情形；只要家長有接孩子的，每個月至少會親自碰面二至四回，有時甚至更多，這樣是讓家長感覺教師非常關注孩子。另一點是，當事件無法用 Line 及照片說明清楚時，當面溝通及分享是很重要的。

4. 電話或 Line 訪談：這點是輔助第 3 點，因為有些家長會很晚接孩子，甚至是隔代接送，所以有狀況時，就需要 Line、照片、電話溝通來得到家長的信賴。幼兒入學第一學期很重要，剛入學家長不外乎是擔心孩子是否吃飽、開心，有無同伴可玩……等基本生理及心理需求。因此，會在中午用許多活動照片（包含用餐、睡覺）群組 Line 告知，而私 Line 則是家長詢問其他事件時快速回覆。這樣的密切性聯絡大概會持續一個月，接著幼兒慢慢適應後，會慢慢恢復正常的量，此時家長也就不會有太多擔心了。

最後，陳老師運用上述的溝通方式跟家長建立良好的互動關係，她分享溝通下來的效果：「我雖是老師，但也與家長和孩子當朋友，家長帶孩子出遊或是家中表現特別，常會傳照片分享，我也會熱情地回應！上課時讓幼兒拿我的手機跟大家分享，慢慢這種氛圍也影響大家，幼兒們會為了跟老師分享及上台的機會，就更與爸媽分享學校趣事及要求拍照傳給老師，這也都是經營的小技巧。」

---

* 現在網路比較發達，常用手機拍照和錄影，不過有些家長會不同意自己的孩子讓教師拍照或上傳，所以現在園方都會讓家長事先簽肖像權同意書。

三、適時展現教師專業

（一）展現教學專業

　　近年來的開放教育也讓教室跟著開放。學校讓家長以直接及間接方式參與班級事務及課程，這也是展現教師專業的最佳機會。教師要趁機與家長建立互動關係，讓家長了解教師的教學目標、教學理念與課程的內涵，進而獲得家長的支持、信任教師的專業，安心地把幼兒送到班級來。然而，教師該如何讓家長信任教師的專業？了解教師的教學理念是什麼？如何進行課程教學，增加家長對教師教學與課程的認同感，同時，提供教師更多的教學資源推展課程呢？黃老師認為可以利用家長接送時間和家長面對面溝通，或藉由不同的教學活動及幼兒的作品傳達幼兒學習現況。當然，家長的參與也會帶給教師教學的挑戰產生壓力，但這也是促進教師專業成長的時機。

（二）理解家長期望

　　教師除了在課程與教學展現專業之外，也要了解家長對孩子的期望，讓家長認同教師的專業外，也可成為支持教師的助力。然而，教師首先要了解長對幼兒的期望，以及知道如何因應。

　　因為成人世界充滿競爭，還會擴展到幼兒園，讓幼兒園成為大人競賽的舞台，但不是大人自己比，而是讓小孩之間比輸贏反饋到大人的顏面。教師常夾在中間很難做人，因為若家長有明顯競爭的對象頂多打敗對方就贏了，但事實不是如此，家長就是要自己的孩子表現最優秀、最贏。然而，全班勝者通常只有一個叫「冠軍」，因此教師不得不為此設「第一名」、「最優」、「甲等」、「全贏」，交換使用這些名詞，讓家長得到滿足，覺得自己的孩子就是不一樣、卓越、不凡。有時教師

要跟家長連絡時誇讚幼兒的表現常會詞窮,還詢問能不能買到這種參考書?在網路上還有 100 句讚美人的話,或許可以搜尋選擇適合誇獎幼兒的話參考並修改使用。

但有的教師認為,若是跟家長的關係建立好,真正關心幼兒成長的家長,比較希望聽到自己孩子能成長的一面,而不是「您的孩子今天表現很棒!您的孩子真了不起!」這類的話,家長希望教師能指導幼兒學習成長,而不是一味地討家長喜歡或高興,他們的期待是幼兒在教師的教導下能成長、自制能力變強、學習如何學習的能力。

若教師遇到愛比較的家長時,可參考盧老師的方式:家長大概會比較有問題的部分是怎麼沒讓自己的小孩表現,或是怎麼自己小孩參與活動的機會那麼少?教師因應的策略是先讚美,再給家長看到幼兒長項方面的表現。

另外,妮妮老師跟家長溝通時,會先讚美他的小孩說:「因為您的孩子表現比較優越,所以才想先讓其他小朋友嘗試看看!」但在別的項目或活動還是有給他的孩子參與,而且要在日後多拍該名孩子活動的照片給家長看。

(三)主動展現專業

教師可透過對幼兒的用心作為管道建立親師關係。教師利用上課與幼兒互動的內容傳給家長,讓家長了解教師的用心,從中展現教師的專業。

實例分享

玲玲老師把課堂上與幼兒互動的情形呈現給家長,讓家長了解教師也幫助幼兒學習成長。

早上入園時間玲玲老師和幼兒講述宮西達也(2022)的繪本

《最喜歡媽媽了！》，故事的大綱是孩子做了什麼事情讓媽媽生氣以後，他希望媽媽可以怎麼對待他，故事的最後說到了不管怎麼樣，還是最喜歡媽媽了。

　　玲玲老師：「看這本書的封面，你們覺得在說什麼事情？」

　　芮芮：「有一個小朋友，跟一個女生。」

　　玲玲老師：「這本書的書名是《最喜歡媽媽了！》，所以是有關誰的書？」

　　故事說完以後，玲玲老師詢問幼兒：「你們家的媽媽是兇兇的，還是笑嘻嘻的？」幼兒七嘴八舌地說我不乖媽媽就會生氣。

　　玲玲老師接著問：「那你們說說看因為什麼事情，才讓媽媽對你生氣？」

　　佑佑：「要出門的時候我沒有很快，媽媽就會生氣。」

　　玲玲老師問：「那你可以怎麼改進，讓媽媽不要生氣呢？」

　　佑佑：「不要讓媽媽等我，這樣她上班會遲到。」

　　秉裕：「不要賴床、自己穿好衣服。」

　　玲玲老師：「聽起來你們覺得，讓媽媽不生氣的方法是自己可以做好的事情自己做好，不用讓媽媽替你擔心。那什麼時候媽媽對你溫柔呢？」

　　小杰：「我媽媽一直都很溫柔。」

　　柏琳：「我稱讚媽媽的時候，她就會很溫柔。」

　　佑佑：「我專心吃飯吃很快的時候。」

　　玲玲老師：「哦，所以我們希望媽媽溫柔對待我們的時候，還可以說好聽的話，讓媽媽心情很好。今天回家給小朋友一個任務，做一件讓媽媽變溫柔的事情，可以說好聽的話、幫她捶捶背，跟她說今天辛苦了，或是把自己的事情做好不讓媽媽替你擔憂！」

　　玲玲老師把課堂上與幼兒討論「如何體諒媽媽的過程」轉給家

長，家長很佩服教師的教學能力，能在教學中引導幼兒體諒家長的辛勞。

四、以關切幼兒作溝通

　　教師與家長溝通時，面對幼兒在班級裡學習困難及發生不期望的行為時，資深教師分享經驗：幼兒在學校發生事情要對家長真實相告，但在語氣上要委婉，並以關切幼兒成長為出發點，讓家長感受到教師的用心與愛心。教師與家長溝通時不告狀、不批評、先誇獎幼兒，之後再帶入問題，並提出處理的方法，以關懷幼兒為出發點，才能得到家長的支持。以下以郭老師的實例說明有效的親師溝通：

（一）不評論、不揭惡

　　教師與家長溝通時，不批評指責幼兒在學校不當的行為，幼兒的缺點不用對家長直白說出。郭老師分享班上有一位幼兒很喜歡對身邊的同學動手動腳（踢一下）或直接觸摸其他幼兒的身體，幼兒天天被人告狀，郭老師跟家長溝通希望家長在家能消弱幼兒不當的行為。郭老師認為惹事的幼兒真的很「白目」，因為他會故意去碰觸別人，引起被碰觸幼兒不高興。但當郭老師跟家長描述小朋友時，她不會直白地說他們的孩子在學校很「白目」或「惡質」，而是先讚美幼兒的優點。

（二）稱讚後引出問題

　　跟家長說明幼兒在學校的表現時，郭老師先讚美幼兒：「孩子很善良，比較活潑，只是喜歡去碰人家，引起幼兒之間的糾紛！」教師要先肯定幼兒的優點或好的表現，然後再指出幼兒不當的行為。

（三）揭示輔導方法

一旦幼兒發生問題時，教師要先告知家長對幼兒發生的問題所做的處理，若是處理好了，也要告訴家長處理方式，說明教師在學校如何輔導幼兒。

教師最好也把怎麼對幼兒勸說的內容告知家長：「我跟你說，人家不喜歡跟你玩，你就不要去碰撞他們。你碰了人家，人家就覺得不舒服不高興，你有沒有發現他們都在瞪你了？」幼兒的問題經教師處理過後才跟家長溝通，讓家長感受教師的專業能力。

（四）表達真誠關懷

郭老師也提醒家長，若他們的孩子一直不改正不好習慣，將來對幼兒也不利。郭老師一再表明她為了幼兒好，才會跟家長報告幼兒的情形，當她跟家長溝通時，很誠懇地告訴家長：「孩子常常去碰別人，不要讓他變成習慣，否則以後到小學會被同學修理（挨揍），雖然孩子不是故意的，小小的碰一下，有可能孩子會遇到小拳頭換大拳頭，被痛打一頓！」

郭老師分享當她跟家長溝通之後，家長很感謝郭老師向他們說明孩子在學校的情形，家長認同郭老師的做法，也很感謝郭老師對自己孩子的用心，孩子平常的生活細節郭老師都注意到了，也有適當的輔導。

郭老師分享時一再強調，跟家長溝通時不要一味地揭幼兒的瘡疤，這是為家長保留顏面。當教師尊重家長，重視家長的感受，溝通的門就會被開啟，親師合作才有可能。

五、直接溝通避免傳話

當教師遇到幼兒行為不當造成班級經營困擾時，直接找家長溝通，

而不要透過其他家長傳話和帶話。因為家長很在意幼兒在學校的表現，若透過別的家長傳話（例如，幼兒坐娃娃車來學校，教師無法見到製造問題孩子的家長），被轉告的家長認為隱私被揭發，很沒面子。

由於親師溝通常因雙方在角色和立場上不同而易產生衝突，面對面溝通是教師與家長最常採用的解決策略。若不能面對面溝通，教師也可以因應家長需求，提供其他溝通管道給予家長，讓家長有參與解決孩子問題的機會，增進親師的相互了解及體諒，而化解問題或困境。

六、體諒及同理

資深幼教師黃老師表示，教師平時就要多多跟家長建立互動關係，不要害怕跟家長溝通，也不要誤信會遇到「恐龍或怪獸家長」，幼兒發生問題只要跟家長多溝通幾次，問題就好解決。黃老師認為跟家長溝通時，先抱持同理心，其實家長很在乎孩子在學校或在其他幼兒面前的表現，當教師要跟他們溝通有關幼兒在學校的表現時，家長感覺壓力也很大。因為在家長的認知中最難以接受的是，自己孩子在家與在學校的表現怎麼會不同？因此，教師在面對家長時，心態上要稍作調整，先控制自己的情緒，避免一開頭就劈哩啪啦地向家長告狀，把幼兒在學校惹的事毫不保留地說出來，這會讓雙方溝通的大門關閉！也就是在溝通時教師要壓下怒氣，平心靜氣地談話，給予家長尊重，並在對方談話時先表達同理心，讓家長敞開心胸接納教師的建議。

七、找資源處理突發事件

當遇到突發事件，教師與家長有糾紛該怎麼處理？這時教師應找支援，如找行政主管出面，但教師不要害怕與家長溝通，並依規定辦理。

實例分享

一日筆者訪談公幼主任時，剛好遇到家長來找謝主任而延後訪談。原來有幼兒在學校受傷，教師並未及時跟家長說明，導致家長來學校找謝主任問罪。謝主任提到一旦突發事件發生，當處理事件需要跟家長溝通時，很重要的一點是千萬不要覺得家長很恐怖！同時，園方先站在理解家長的立場，跟家長進行溝通，並且也要讓家長能理解教師的難處，讓彼此互相理解。

幼兒發生緊急狀況處理流程，謝主任提出如果是幼兒受傷，就先送健康中心做最初判斷，看需不需要先打電話，如果需要打電話聯絡家長就要立刻打，請家長來學校了解狀況；如果幼兒需送醫院處理，則一定立即送醫，甚至由教師一個陪同也可以。若一般受傷，像擦傷、撞傷，就會先冰敷再擦藥，真的不舒服就請家長來接回。但是最重要的是處理這件事，一定要及時跟家長說，免得像這一個案例，由家長找上謝主任告狀。幼兒在學校受傷，教師並未及時跟家長說明受傷，導致家長來學校找主任負責，這不是親師互動該發生的事。

八、澄清誤會

目前礙於法令的規定，教師對於處罰幼兒的事格外謹慎，當遇到家長誤會教師處罰幼兒時，教師必須跟家長澄清。

實例分享

實例一

　　妮妮老師曾遇過被家長誤會對幼兒體罰的事，因為不能體罰學生，老師都會特別注意與孩子的肢體接觸！一次她班上幼兒排隊時，因為幼兒常常不知道自己該排哪裡？老師會拉一下小朋友整隊，有一次她只稍微拉一下幼兒的衣服或手臂，指引幼兒排好隊，當天被拉的小朋友回家竟然跟家長說老師在學校用很大力氣拉他，害他差點跌倒！幼兒的誇大其詞引發家長生氣，開始責怪老師怎麼可以這樣對待他們的孩子。老師知道家長發火的事，就直接跟家長解釋清楚。事後，妮妮老師建議老師們要了解班上孩子的表達方式，以免老師們聽不完家長的指控。

實例二

　　當家長誤認為教師體罰孩子時，教師可以跟行政主管說明得到支援，並跟家長溝通。

　　盧老師分享：「我只是語氣加重跟小朋友說『吃快一點！』但孩子就回去跟爸爸說：『老師對我很兇！』因為這位幼兒平時都比較晚來，剛好遇到我的上課時間，拿長條磁鐵指著白板作說明，爸爸帶孩子來班上時看到我拿著磁鐵，以為是棍子，隔天就跑去跟園長說我對他的孩子很兇還會拿棍子要打小孩。」家長以為老師處罰孩子都是用棍子。

　　盧老師分享處理方式：

1. 她先跟園長解釋，因為幼兒的爸爸先跟園長告狀，園長有找她了

解事情真相。

2. 跟幼兒的爸爸溝通，問爸爸有沒有誤會什麼事情？盧老師與爸爸
解釋清楚後，爸爸才知道自己誤會了。

　　盧老師建議教師要謹記不可以打幼兒、不可以罰站、也不可以
獨自讓幼兒在教室。教師不僅要盡到照顧幼兒的責任，也要具備基
本的法律知識，才能保護好幼兒及教師，面對問題時才能從容不
迫。因為教師會遇到各種家長、幼兒、教師間的問題，教師了解法
規的規定之外，最重要是了解有關體罰的規定。因為體罰在教師心
中是一個不能跨越的鴻溝，一旦跳下去再也洗不清，由於現在每位
小孩都是家長的寶貝，在學校不可以有任何的受傷及受到身心靈的
傷害，所以更應該提高覺察力，面對家長的質問才能有效提出自己
的觀點保護好自己。

九、防患未然

　　幼兒在學校發生事情，回家就把所受的委屈跟家長告狀，但因幼兒
表達能力尚未成熟，或幼兒扭曲事實，會使教師遭到家長攻擊。教師與
家長溝通之前先採取一些措施，免受無妄之災。

（一）以委婉說法保護自己

　　資深教師建議當幼兒犯錯處罰時，要委婉地跟幼兒說，用詞也要注
意。

狀況一：

　　幼兒在喝水時間一直在玩，老師催促幼兒，但語氣委婉。老師的說
法：「你先去鏡子面前喝水，看著鏡子及自己的水壺，看有沒有喝完，
喝完再過來。」

狀況二：

　　幼兒做錯事情，教師糾正幼兒時，不要說「罰」這個字，因為有些家長不喜歡老師讓孩子罰站或因為做錯事與其他孩子隔離反省。隔離反省可以改成說：「你先冷靜坐著反省，等下老師再問你，你做錯什麼事情？」老師不要用「隔離」字眼，這會讓家長覺得老師是不是在剝奪孩子玩玩具的時間。

狀況三：

　　盧老師分享當她帶小班時，遇到一位 A 幼兒輕輕拍另外一位 B 幼兒，叫 B 幼兒跟他出去玩，但 B 幼兒的反應是認為 A 幼兒打他，回去就跟媽媽說：「×××打我。」但 B 幼兒只是不喜歡別人拍他肩膀才這樣說。

　　盧老師的做法：因為小班的語言能力有限，這階段的幼兒通常不太會認錯，都會認為自己是對的是別人不對，盧老師只好一直詢問下去，並請幼兒演示一遍他是如何碰 B 幼兒的，當下釐清到底是「打」還是「拍」，並且跟 B 幼兒說：「都有監視器在看喔！不可以說謊。」B幼兒才認錯。

　　因此盧老師深深體會親師溝通以及師生溝通都很重要，如果雙方溝通不良，可能就會產生誤會，影響班級的運作。

（二）具危機處理能力

　　幼兒園常會發生幼兒突發事件，教師應抱持危機意識，先照顧好幼兒之外，也要保護好自己，才能坦然面對家長解決問題。

反例分享

　　小熊班一位小朋友拉肚子，老師沒有立即處理，讓幼兒先站在

老師的旁邊，老師把幼兒褲子脫下，讓幼兒先拿著褲子，等她處理別的幼兒問題後，再來處理他的事。幼兒等了一下之後，老師帶他去廁所清洗，清洗好後，再讓他出去跟其他小朋友玩。隔天，家長帶了他們一家族的人來算帳，因為孩子回家告狀說，他手上拿兩坨大便，老師叫他站在白板旁邊罰站，孩子的父親聽完之後很生氣，想藉媒體揭發這件事。其實孩子也很怕自己的大便不知怎麼辦？而老師一時不察拖延處理幼兒的事，又忘了告訴家長，以致於讓這件事一發不可收拾！

資深蔡老師建議當發生這種事件時，教師處理方式應先安撫幼兒，讓幼兒感覺到被關心且心裡感到安心，教師再處理大便的事，之後更要提醒家長注意孩子拉肚子的事。

正例分享

教師對幼兒意外受傷要具警覺性，教師常會碰見幼兒意外受傷，若未及時處理，事後也要補上對幼兒的囑咐。通常幼兒不在乎跌倒或不小心受傷，但被家長發現反而會質疑教師的專業。教師要防患未然，除讓幼兒保護自己外，也要防止家長的責問。

白兔班團討的話題，是一位幼兒昨日在校園中觀察花草時，在學校階梯跌倒，但沒有告知老師，家長發現後跟老師提及此事。因此，教師藉由團討與幼兒們共同討論：「當自己在學校受傷時，該怎麼辦？可以怎麼處理？」也引導孩子覺察自己身體的感覺等問題。

分享的過程中，老師告訴孩子要好好保護自己的身體，當自己在學校受傷了，一定要告訴老師，老師不會生氣，沒有告訴老師，老師會無法立即幫助你，而且老師會難過你受傷了。讓幼兒了解自

己受傷，老師是不會指責的。

　　此外教師分享，當班級幼兒不小心跌倒了，又自己站起來，不管當下幼兒是否有求助，教師都應停下來前往關心並察看幼兒是否有受傷，並查看包覆在衣褲內的皮膚是否有異樣，即便對象是位表達能力好的大班幼兒，當下還是立即幫幼兒擦藥處理，因為幼兒有時會無法感受到傷口的狀況。等回家讓家長發現時，家長也能看到學校對幼兒的關心。幼兒也可以告知家長學校對這件事大概的處理方式（幼兒的口語表達能力尚未發展成熟），可以免去家長來責問，因此身為幼教教師需要有高的警覺性。

特例分享

　　本章分享的親師互動大都是成功的案例，但也遇到親師互動溝通困難的案例，可作為參考，從失敗案例中吸取經驗。

　　袋鼠班的柏林故意干擾全班上課及班級步調。課堂上會看到他從前門跑到後門，再從前門繞過白板，再趴在桌上，又伸手在桌底下製造噪音，教師制止他，他不會理老師；上課中有時他興致一來，拍一下同桌同學的頭，同學也無法專心上課。教師跟柏林的爸媽反映多次，柏林的父母認為無所謂。柏林干擾行為從進幼兒園持續到離園上小學。柏林的行為挑戰教師班級經營，也影響到親師關係！柏林的父母是科學園區的工程師，他們堅持對孩子的教育採取寬容及尊重的態度，認為孩子不必受管束，老師只要尊重孩子的想法，不去干涉他，讓他自由，如果犯錯了跟家長講就好，因家長說自己會管，請老師不用管他。但是柏林的行為不只干擾到老師上課，還影響到其他幼兒的學習。郭老師試著跟家長多次溝通，家長不願意配合，堅持自己的想法。

親師溝通的效果並沒有顯現，直到幼兒要上小學的最後學期，郭老師再跟家長反映，她讓家長知道這樣的管教方式不利柏林上小學，這時家長才開始擔憂，但至少，她家的老二上幼兒園就完全配合老師的建議教育幼兒。郭老師很感慨地說：「因為家長的堅持，沒有辦法幫上柏林，以後真的看他自己的努力了！」

這樣的例子顯示教師單方面的努力，希望透過與家長溝通改變孩子的行徑，來降低帶給班級的干擾，但家長堅持自己的理念，讓教師無法幫助柏林學習，最終是放棄，等家長反應過來已經失去改變柏林偏差行為的關鍵期。

實例分享

教師面對幼兒哭鬧先得到家長的認同，獲得家長支持而安撫幼兒情緒，才能有效解決問題。

在某一個下午自由探索活動時間，由於亮亮的個人行為被林老師糾正，林老師當下也有向他說明哪些地方要再改進，事後亮亮回家向家長述說此事，並哭鬧表達明日不願前往學校上課。林老師當日與家長通過電話說明亮亮在校發生的行為，家長非常認同老師的做法，也跟亮亮解釋老師這麼做的原因。隔日家長像往常一樣載他到幼兒園上課，他便大聲哭鬧不讓家人離去，林老師的搭班陳老師請家長放心把亮亮交給她，家長就先行去上班了。陳老師便進辦公室先安撫亮亮的情緒後再和他說明林老師沒有要指責他的意思，是希望每位小朋友能對自己的事情負責，也有舉例說明給亮亮知道，亮亮也能明白老師的用意而停止哭鬧。最後，陳老師也有向全班的幼兒說：「表達自己的情緒可以，但不能用哭鬧拒絕溝通的方式哦！因為這樣子老師也無法幫助你們解決問題呀！」這個案例說明教師透過幼兒事件與家長聯繫，得到支持也化解難題。

十、因應社會事件保護自己

2023 年 6 月新北市發生幼兒園教師餵藥事件，幼兒園被家長指控餵孩子不明藥物，甚至指稱孩子身上被驗出有「苯巴比妥」（Phenobarbital）等管制藥物殘留。新聞沸沸揚揚引發全台家長恐慌，也搞得幼兒園人心惶惶，對「幼兒園該不該協助家長餵藥」產生激烈的討論。後來發現這是一件烏龍事件，雖然懷疑餵藥事件是政治操作所致，但卻讓教保人員被汙名化。同年 6 月 25 日中華民國幼教聯合總會發表聲明（中時新聞網，2023 年 6 月 26 日），鑑於餵藥烏龍事件已釐清，請全國幼教教師謹遵託藥相關步驟，恢復協助幼兒安全餵藥。

事實上，若到幼兒園查明教師如何被託付餵藥，以及教師如何執行餵藥，把一系列的流程公布給大眾，應不會有這種烏龍事件發生，除非遇到有心人故意為之，但無論如何教師餵藥遵行法規及一定的流程是應該的。教保服務人員依據教育部《幼兒教保及照顧服務實施準則》相關法規，取得家長託藥單同意前提下，給予幼兒必要服藥協助，確保幼兒健康安全，家長能放心託藥，教保服務人員才能安心工作，再讓親師合作建立信任關係，也確保幼兒得到最妥當的照顧。

《幼兒教育及照顧法》（2022）第 12 條已明定教保服務內容，包括提供衛生保健安全之服務及教育，因此，教育部於《幼兒教保及照顧服務實施準則》（2023）第 11 條第 2 項至第 4 項明定幼兒園要訂定託藥措施及就託藥進行相關規範。準則內容包括：

- 幼兒園應訂立託藥措施，並告知幼兒之父母、監護人或實際照顧幼兒之人。
- 教保服務人員受幼兒之父母、監護人或實際照顧幼兒之人委託協助幼兒用藥，應以醫療機構所開立之藥品為限，其用藥途徑不得以侵入方式為之。

- 教保服務人員協助幼兒用藥時，應確實核對藥品、藥袋之記載，並依所載方式用藥。

幼兒園教師的工作量繁雜龐大，餵藥是加重教師的負擔，而法令並未規範幼教師要餵藥，對教師不餵藥也沒有明定罰責，但若教師餵錯藥或者忘記餵藥卻要對家長負責。教師願意幫忙餵藥是基於教育愛，但教師餵藥必須要遵照相關規定來執行，對教師而言是一種自我保護。

實例分享

實例一

此案例是準幼教師實習時，幼兒園班級教師教導她餵藥注意事項，她記錄下來分享。

我們班有一位孩子皮膚紅癢，這幾天睡午覺前需要擦外用膏，家長有寫託藥單，把藥膏、棉花棒裝在藥袋裡向老師說明後交給我們。老師也順便拿此次託藥的例子指導我在教學現場時，為確保孩子用藥安全，託藥注意事項有：

1. 孩子於就園時間需要委託園方餵（擦）藥者，請家長於送孩子入園時，填寫置於託藥區之託藥單或事前填寫託藥單，並將藥劑置於託藥籃。

2. 請家長正確填寫托藥單，註明孩子姓名、服藥日期、時間及用藥方法，液體口服藥請自備量杯，並請家長簽全名以及寫下聯絡電話。如有特殊交代亦請於備註欄說明。

3. 置於託藥箱之藥量，請以當日收托時間所需用餵藥分量為限，請一併附上標有醫療院所名稱、孩子姓名及用法、用量之藥袋，以防誤食藥物。如需冷藏者亦請特別註明。

4. 家長未填具託藥登記本或家長託藥單，或登記不清楚時，將無法

為幼兒餵藥；託藥登記不清楚時，園方會連絡家長，經確定後再予餵服。

5. 教師代為餵服之藥品，必須為合格醫師處方藥物，不代餵任何成藥、保健食品、侵入性藥劑。

6. 學校不餵發燒藥劑、退燒藥水等，若發燒會聯絡家長帶回家觀察或就醫，也不會餵過期的藥，因為會有家長將幼兒上次沒吃完的藥留著，然後下次自己當醫生讓幼兒再吃藥。

　　這案例指出教師餵藥是有條件的，家長必須遵照規定，教師才幫忙餵藥，若家長不配合，教師可以拒絕餵藥。

實例二

　　如何讓餵藥這件事親師都雙贏，張老師分享：以前只要家長有交代老師說要餵藥給小朋友吃，教師可以直接把家長帶來的藥給孩子吃，但現在要有處方箋才可餵藥，開學時都需要給家長簽餵藥同意書。張老師認為家長託藥時，教師要知道如何保護自己，她堅持做兩件事，就是：

1. 遵守規定。

2. 紀錄單（託藥單各校都有不同的編排方式，但都須依據教育部的規定）保護自己。

　　紀錄單（如下頁圖）鑲嵌在每日聯絡簿裡，若家長沒寫，基本上我們都會打電話確認後再幫忙餵，因為老師也捨不得幼兒身體不適，但其實法規規定沒有委託單是不能餵的。

　　後來也遇到幾個比較明顯不負責任的家長，我們才不餵藥，例如，將餵藥當作是老師的事，有的家長只有讓老師餵幼兒，自己在家也沒餵，或是拿兩個禮拜前的藥來要老師餵，我們也不餵！

```
★服藥委託
  □口服      □外用
  □西／中藥  藥粉／藥丸_____包  □藥水_____cc
  □藥膏      □眼藥水  □其他_____
  □午餐前    □午餐後
☆需要老師注意之事項：


                        ★家長授權簽章：_____
  餵藥時間：____時____分   教師簽章：_____
```

教師幫忙餵藥是基於服務家長跟愛幼兒的心，但非無限上綱為教師的責任，教師面對社會事件的壓力，最底線的做法是依法行事保護自己，再以教師的專業及熱忱修補親師關係的裂痕，所有從事幼教工作的人員都應值得社會為他們獻上掌聲與讚美！

伍、結論

教師在教育現場會遇到家長想主導班級教學及插手管教幼兒的情形，因為家長都認為教師應該要配合他的孩子，而不是他們的孩子要配合團體生活，教師真的很為難。加上，面對家長對於處理孩子的事看法不同，讓教師很頭痛。親師間的溝通是必要的，且是為了解決幼兒的問題。教師尊重家長是為家長留面子，真遇到事情發生，教師要真實相告，同時也要展現專業能力，以真誠關懷幼兒協助化解難題，並與家長保持良性互動的關係，雙方建立共識協助幼兒並與家長持續建立和諧的關係。

在現代如此多元的社會中，教師扮演多重角色，最重要的目標是希望幼兒有好的成長品質。在親師互動中，教師應先掌握父母親的需求及

實際情況，才能達到雙贏的效果。因為家長是孩子最早、最好的老師，也對孩子的行為、品德、學習影響最大，而學校教育需要延伸至家庭，家庭教育更是學校教育的落實場所，幫助幼兒健康、活潑成長，做好親師關係，教師輔導幼兒才會有成效。家庭既是人生學習的起點，做好親師溝通不僅幫助教師在教學上得心應手，更因為家長的參與而使得親師合作愉快，讓幼兒能在健康、快樂的環境成長學習，使學校與家庭共同完成教育幼兒的任務，幫助幼兒健全的發展。

參考書目

中時新聞網（2023，6 月 26 日）。「餵藥案確定是烏龍」幼教聯合總會籲教師恢復餵藥。2024 年 4 月 1 日，取自 https://www.chinatimes.com/realtimenews/20230626001199-260405?chdtv

幼兒教育及照顧法（2022 年 6 月 29 日）修正公布。https://law.moj.gov.tw/LawClass/LawAll.aspx?pcode=H0070031

幼兒教保及照顧服務實施準則（2023 年 11 月 22 日）修正公布。https://law.moj.gov.tw/LawClass/LawAll.aspx?pcode=H0070047

宮西達也（2022）。最喜歡媽媽了！（二版）。小魯文化。

國家圖書館出版品預行編目（CIP）資料

幼兒園班級經營：實用手冊 / 陳埩淑著 . -- 初版 . --
新北市：心理出版社股份有限公司, 2024.06
　　面；　公分 . --（幼兒教育系列；51235）
　　ISBN 978-626-7447-16-1（平裝）

1. CST: 班級經營　2. CST: 學前教育　3.CST: 幼稚園

523.23　　　　　　　　　　　　　　113007257

幼兒教育系列 51235

幼兒園班級經營：實用手冊

作　　　者：陳埩淑

執行編輯：陳文玲

總 編 輯：林敬堯

發 行 人：洪有義

出 版 者：心理出版社股份有限公司

地　　　址：231026 新北市新店區光明街 288 號 7 樓

電　　　話：(02) 29150566

傳　　　真：(02) 29152928

郵撥帳號：19293172 心理出版社股份有限公司

網　　　址：https://www.psy.com.tw

電子信箱：psychoco@ms15.hinet.net

排 版 者：龍虎電腦排版股份有限公司

印 刷 者：龍虎電腦排版股份有限公司

初版一刷：2024 年 6 月

I　S　B　N：978-626-7447-16-1

定　　　價：新台幣 320 元